KB017506

thread

판권

《스레드》는 북저널리즘이 만드는 종이 뉴스 잡지다.
북저널리즘은 2017년 서울에서 출판물로 시작해 디지털,
정기 구독, 커뮤니티, 오프라인으로 미디어 경험을 확장하고
있다. 《스레드》 25호는 2024년 7월 25일 발행됐다. 이연대,
신아람, 김혜림이 쓰고 편집했다. 들어가며, 마치며는
신아람이 썼다. 표지 사진은 2024년 6월 25일 케냐
나이로비의 의회 앞에서 세금 인상에 반대하는 시위가
벌어지고 있는 모습이다. 출처는 Gerald Anderson,
Anadolu via Getty Images이다. 이 책의 발행처는
주식회사 스리체어스(threechairs)이고, 등록번호는
서울중, 라00778이다. 주소는 서울시 중구 퇴계로2길 9-3
B1, 이메일은 thread@bookjournalism.com, 웹사이트는
bookjournalism.com이다. 이 책에 수록된 글과 그림을
이용하려면 반드시 저작권자와 ㈜스리체어스의 동의를
받아야 한다.

《스레드》는 국제 정세, 기후 위기, 정책, 문화, 정치적 극단주의, 인공지능 등 지금 무슨 일이 일어나고 있는지에 대한 맥락을 해설합니다.

목차

들어가며

여름은 살아남아야 하는 계절이다. 일상을 위협받을 정도의
폭염과 폭우, 예상을 뒤집는 폭풍이 정신없이 휘몰아치는
시간, 그리된 지 꽤 오래다. 흐르는 땀을 말리려 들고 나온
휴대용 선풍기에는 각종 중금속으로 만든 배터리가 내장되어
있다. 장마철의 습기를 날리기 위해 켠 에어컨은 탄소
발자국을 흩뿌린다. 그렇게 매년 여름이 더 지독해진다.
그리고 우리가 여름 안에서 살아남는 동안, 누군가의
취약한 주거 공간은 잠기고 무너질 것이다. 용감한 인류는
미래를 향해 끊임없이 변화를 선택하지만, 여전히 부족하다.
그러니까, 우리는 미래를 망치는 동시에 구하는 중이다.
《스레드》25호는 기후 재난의 현실과 미래를 만드는 변화의
움직임을 포착했다.

익스플레인드

우리에겐 '해설(explained)'이 필요하다. 세상에 정보는
너무 많고 맥락은 너무 적다. 똑똑한 사람들이 정말 중요한
이슈를 따라잡기가 점점 어려워지고 있다. 그래서 《스레드》는
세계를 해설한다. 복잡하고 경이로우며 빠르게 변화하는
세상을 이해하는 데 필요한 통찰을 제공한다. 지금 무슨 일이
벌어지고 있는지 알리는 데 그치지 않고 그 일이 일어난
이유와 맥락, 의미를 전한다.

정화조가 넘친다

폭우가 내린다. 파푸아뉴기니에는 대형 산사태가 났고,
브라질 남부 지역에서는 220명 이상이 사망하거나 실종됐다.
미국 남부 지역 주민들은 때아닌 정화조 문제로 골머리를
앓는다. 텍사스에서 캐롤라이나까지, 12개 이상의 검조소에서
해수면은 2010년 이후 최소 6인치 상승했다. 정화조에
보관됐던 폐기물이, 집 앞 수로로 유입될 가능성도 커진다.
역시 원인은 기후 위기다. 김혜림이 썼다.

언론이 말하는 기후 위기는 구체적이고 특정적이다.
폭염으로 인해 목숨을 잃는 원숭이, 난기류를 만나 흔들리는
비행기처럼 말이다. 그러나 기후 위기는 가면을 바꿔 끼고
다가온다. 문제는 경제적 투자로 번지고, 정치적 문화
전쟁으로 모습을 바꾼다. 한 지역의 어려움은 글로벌을 타고
전 세계의 혼란으로 확산한다. 기후 위기는 다양한 모습으로
온다. 정화조 위기, 죽는 원숭이, 때로는 선거의 슬로건과 인종
갈등으로 말이다.

2023년 10월, 미국 플로리다 마이애미 주민들이 막힌 정화조를 뚫기 위해
작업하고 있다. 사진: Jahi Chikwendiu, The Washington Post via Getty
Images

하수 폐기물

해수면 상승은 저지대의 섬만 가라앉히는 것이 아니다.
미국 남부, 마이애미에 거주하는 주민들은 화장실과 바닥
틈으로 솟아오르는 지하수를 우려 섞인 표정으로 바라보고
있다. 쓰레기는 물을 타고 거리로 흐른다. 정화조 때문이다.
정화조가 잘 작동하기 위해서는 적당한 양의 건조한 토양이
필요하다. 그런데 지하수 수면이 상승하면서 토양이라는
완충장치가 사라지고 있다. 정화조는 성가신 모기의 집이
되기도 한다. 한국에서는 20년 전과 비교해 무려 50일
빠르게 모기가 활동하고 있다. 수질을 모니터링하는 찰스턴
워터키퍼의 전무이사는 이런 기후 위기 시대의 정화조를
"땅속의 시한폭탄"이라 표현했다.

공중 보건

정화조 문제는 빠르게 공중 보건 문제로 번진다.
연방수질청이 1970년도에 발표한 보고서에 따르면 마이애미
카운티 주변에 거주하는 80만 명의 사람이 하수도 인프라가
아닌 정화조에 의존하고 있었다. 수로 대부분에서 많은

양의 대장균이 발견되면서 마이애미는 수억 달러의 연방
자금을 사용해 새로운 폐수 처리장을 건설하기도 했다.
효과는 크지 않았다. 주민 대다수는 아직 문제의 정화조를
사용했다. 인프라가 취약한 상황에서 엎친 데 덮친 격으로
해수면이 상승한다. 기후 위기의 미래를 철저히 준비하지
못했던 과거의 정화조 시스템은 해수면 상승에 대응할 힘도,
시스템도 갖추지 못했다. 노후는 가속된다.

돈

마이애미는 문제의 정화조를 안정적인 하수도 인프라로
교체하려 한다. 물론 돈과 시간이 많이 드는 일이다. 현재까지
100채가량의 주택이 개조됐다. 775채를 하수도 인프라에
추가로 연결하기 위해 마이애미는 공공 인프라를 마련했다.
지금까지 마이애미가 받은 연방 보조금은 2억 8000만 달러에
달한다. 2020년에는 정화조를 완전히 대체하는 데 40억 달러
이상이 소요될 것이라 추산한 바 있다. 관계자는 정화조를
완전히 대체하기 위해서는 "자금의 출처를 식별하고
확보하는 게 중요하다"고 밝혔다.

유색 인종

정화조 시스템의 붕괴는 공중 보건의 문제로 번지기 이전, 취약한 이들을 먼저 공격한다. 메릴랜드대학교의 토목 및 환경 공학 조교수인 앨리슨 레일리(Allison Reilly)는 역사적으로 흑인 공동체가 하수도 인프라보다는 정화조에 의존할 가능성이 더 크다고 지적했다. 인종 차별적인 주택 및 토지 정책으로 인해 유색 인종 공동체는 해수면 상승과 홍수에 더욱 많이 노출돼 있다. 지자체의 하수도 인프라가 파손된다면 주의 자원을 사용할 수 있지만, 정화조가 고장나면 집 주인이 스스로 책임을 져야 한다. 취약한 곳에 사는 이들은 정화조 시스템을 수리하는 데 드는 비용을 감당하기 어렵다.

데이 제로

해수면 상승만이 문제가 아니다. 멕시코에는 데이 제로가 다가오고 있다. 데이 제로는 도시의 수도꼭지가 모두 마를 정도로 물이 바닥나 하루에 사용할 수 있는 물의 양이 0에 가까운 상태를 말한다. 2017년 남아프리카공화국

케이프타운의 주민들은 몇 달간 이어진 가뭄으로 인해 도시 전체의 물 공급이 끊길 위기에 처했다. 데이 제로를 둘러싼 다양한 캠페인과 정부의 노력으로 큰 위기는 극복할 수 있었지만, 마찬가지의 그림자가 멕시코에도 드리운다. 멕시코 주민들은 몇 주, 몇 달 동안 물 배급을 받고 있다. 멕시코는 케이프타운의 데이 제로 캠페인을 참고하려 한다. 남아공처럼, 물 부족 위기를 극복해 보자는 것이다.

신뢰

그러나 전문가들의 진단은 밝지 않다. 신뢰 부족이 그 이유다. 물을 아껴 쓰자는 메시지가 효과를 내려면 일단 주민들이 정부를 믿어야 한다. 실제로 당시 남아프리카의 대도시들은 정치적 문제로 인해 물 사용량을 줄이는 데 어려움을 겪었다. 요하네스버그와 더반과 같은 대도시가 부패 스캔들로 지지를 잃은 아프리카 국민회의(ANC)의 통치를 받기 때문이었다. 주민들은 부패한 정권, 나쁜 정부의 목소리를 믿지 않았다. 다음 달 투표를 앞둔 멕시코의 상황도 크게 다르지 않다. 멕시코시티의 지도자들과 연방 정부는 물 문제를 경시하고 있으며, 상대 후보들은 물을 선거의 먹잇감으로 삼고 있다.

데이 제로를 앞두고, 물은 정치적 갈등의 의사 표현 도구로
전락했다.

정치

플로리다주는 다가오는 7월 1일부터 주 해역에 해상 풍력
터빈을 건설하는 것을 금지하고 에너지 보존과 재생 에너지를
장려하는 주 정부 보조금 프로그램을 폐지한다. 주지사
론 드샌티스가 기후 위기를 언급하는 것부터가 워키즘의
시작이라 정의했기 때문이다. 보수 정치인으로서 워키즘은
배격의 대상이다. 기후를 둘러싼 문화 전쟁이라 표현할
수 있지만, 이런 갈등은 문화의 차원에서 끝나지 않는다.
마이애미의 정화조 폐쇄, 하수 인프라 확충을 위한 자금
지출에서 연방정부는 정치적 결단을 내려야 한다. 기후
위기는 계급적, 인종적 갈등으로 번지고 있으며, 팬데믹
이후의 글로벌은 공중 보건의 문제를 지역의 문제로 한정하지
못하게 됐다. 기후 위기는 얼굴을 바꾼다. 미래의 우리는 끊임
없이 기후 위기의 다른 얼굴을 마주하며 결정하고, 선택할
것이다.

정치는 기후에 관한 의제를 꺼내는지, 그렇지 않은지에 따라 적과 동지를 나눈다. 전 세계인은 남반구와 북반구로, 계급과 인종으로 산산이 쪼개지고 있다. 늘어나는 기후 난민은 생존에 앞서 갈등의 씨앗이 되고 있다. 기후 위기의 표면을 봐서는 안 된다. 그 가면 속 민낯에는 갈등과 불신의 그림자가 드리워져 있다.

파편적인 피해 사례와 무관해 보이는 정치적 결정을 하나의 시선으로 바라보기 위해서는 의사 결정의 핵심을 기후라는 통합적 프레임으로 바라볼 필요가 있다. 해수면 상승으로 인한 정화조 문제는 인종이라는 사회적 갈등으로도, 때로는 연방 자금이라는 정치적 이슈로, 또 때로는 오염이라는 전통적인 환경 이슈로도 발현될 수 있기 때문이다. 기후 위기의 가면에 맞서 먼저 없애야 할 것은 경계와 구분이다. 한국에서도 매년 물은 폭우로, 산사태로, 때로는 가라앉는 반지하와 정치인의 망언으로 모습을 바꿨다. 유난히 덥고 비가 많이 내리는 여름이 될 예정이다. 물은 흩어지다가도 다시 모인다. 우리가 빗물에서 무언가를 배운다면 그 장력이어야 하지 않을까.

소리 없는 재난, 폭염

수십 개의 환경, 노동, 의료 단체가 미국 연방 재난
관리청(FEMA)에 폭염과 산불 연기를 홍수, 토네이도와 같은
중대 재난으로 선포하도록 촉구하는 청원서를 제출했다. 연방
정부가 기후 위기로 인해 어려움을 겪는 주와 지역 사회를
돕도록 하기 위함이다. 청원서가 받아들여지면 냉각 센터,
공기 여과 시스템을 설치할 수 있는 기금을 확보할 수 있다.
김혜림이 썼다.

여름의 초입이다. 초입이라는 말과 어울리지 않게, 오늘
서울은 35도까지 기온이 오를 전망이다. 누군가에게 기후
위기 시대의 폭염은 휘몰아치는 재난이고, 생명을 위협하는
무기다. 더 이상 재난은 폭풍처럼, 지진처럼 시끄럽지 않다.
새로운 시대에 맞는 새로운 정의가 필요하다.

2024년 6월 4일, 미국 애리조나주 피닉스 전광판에 기온이 표기돼 있다.
사진: Justin Sullivan/Getty Images

기금

미국은 허리케인과 폭풍 등에 대비하여 긴급 대피소, 주택

수리, 장기 재건 비용을 충당하기 위해 재난 기금 대응을
운용하고 있다. 재난이 상시화하면서 27조 원 규모인 재난
기금은 한 해가 다 끝나기 전인 8월 고갈될 것으로 보인다.
지난 3월, 조 바이든 미국 대통령은 재난 관련 지출을
늘려야 한다고 의회에 의견을 냈다. 미국의 대중 과학
매체인 '사이언티픽 아메리카'는 바이든의 요청이 의회에서
받아들여지더라도 재난 기금이 고갈되는 것을 막기에는 너무
늦었다고 지적했다. 지난해 여름에도 마찬가지였다. 120억
달러의 예산은 8월에 모두 바닥나 2400개 피해 복구 사업에
대한 자금 지원이 중단됐다.

청원서

기금 운용의 청사진이 되는 스태포드 법(Stafford Act)은
재난으로 인한 경제적 손실을 처리하고 포괄적인 재난 계획을
세우기 위해 1988년 제정됐다. 2017년 미국을 휩쓸었던
허리케인 하비 이후, 스태포드 법과 연방 재난 관리청에 대한
비판 여론이 일었다. 그들이 장기적 해결책 대신 단기적
해결에 가까운 주택 지원에만 골몰하고 있다는 이유에서다.
그로부터 7년 후, 미국 전역은 폭염과 산불로 몸살을 앓고

있다. 생물 다양성 센터, 건강한 환경을 위한 간호사 연합, 플로리다 농장 노동자 협회를 비롯한 31개 단체가 청원서를 냈다. 스태포드 법의 보호 범위에 폭염과 산불을 포함하라는 내용이다. 청원에 참여한 노동 그룹은 에어컨 없이 일하는 수천만 명의 사람을 보호해야 한다고 주장했고, 생명 다양성 센터는 산불 연기로 인한 생물 종 손실을 미리 대비해야 한다고 목소리를 높였다.

더위라는 문제

2022년 FEMA는 10일간 395명이 사망하고 전력망을 위기로 몰아넣은 캘리포니아 폭염을 대규모 재해라고 선언하지 않았다. "계절이나 일반적인 대기 조건이 아닌 개별적인 사건과 영향을 평가하는 것이 기조"라는 이유였다. 즉 매캐한 연기와 더운 여름은 아직 재난이 아니다. 현실은 다르다. 국립 기상청에 따르면 이미 미국에서는 허리케인과 홍수, 토네이도를 합친 것보다 더 많은 사람이 폭염으로 인해 사망하고 있다. 1980년에는 폭염으로 1250명 이상이 사망했고, 2003년 8월 유럽에서는 약 5만 명의 목숨이 끊어졌다. 기후 위기로 인한 폭염만큼 심각한 것은 폭염에

'위험하게 노출된' 이들도 늘어난다는 사실이다. 2023년 기준, 미국 내 노숙자는 65만여 명으로 전년도보다 12퍼센트, 약 7만 명이 늘었다. 폭등한 집값과 이민자 증가가 주요 원인이다. 인플레이션과 국제 정세도 폭염의 힘을 더하는 상황이다.

경제적 피해

나무가 뽑히는 허리케인과 건물이 무너지는 지진처럼, 폭염과 산불 연기도 막대한 경제적 손실로 이어진다. '사이언스 어드밴스'지에 발표된 연구에 따르면 2008년에서 2018년 산불이 일으킨 미세먼지 오염으로 인해 약 597조 원에서 630조 원의 경제 피해가 발생한 것으로 드러났다. 국제신용평가사 무디스는 폭염으로 인한 만성적 신체 위험이 2100년까지 GDP를 최대 17.6퍼센트까지 위축할 수 있으리라 추정했다. 게다가 가난과 폭염은 뗄 수 없는 관계를 맺고 있다. 포틀랜드주립대학교 비벡 샨다스 교수가 측정한 바에 따르면 콘크리트로 덮인 포틀랜드의 빈민가인 렌츠의 기온은 51도였다. 평균 집값이 약 100만 달러인 교외의 한 도시는 같은 시기 37.2도를 기록했다.

재난 규정과 폭염

재난 기금은 다수의 도움이 없다면 회복할 수 없는 이들을
위한 최소한의 안전장치다. 폭염과 산불 연기는 왜 그런
안전장치를 부여받지 못했을까. 폭염은 기존의 재난 규정
아래에서 피해 규모를 정확히 산정하기 어렵다. 일반적으로
기금은 보험에 가입되지 않은 공공 인프라가 얼마나
손상됐는지, 그리고 얼마나 많은 이들이 해당 재해로 인해
사망했는지에 따라 재난을 선포한다. 폭염의 경우 인프라
피해가 주된 위험 요소가 아니며 사망 진단서도 열 그
자체를 사망의 원인으로 산정하는 경우가 많지 않다. 전 세계
폭염 문제에 초점을 맞춘 비영리 단체인 '모두를 위한 기후
회복력(Climate Resilience for All)'의 최고 경영자 캐시
보우먼 맥레오드는 "전 세계의 어떤 기관, 도구, 데이터세트도
지역 사회의 폭염에 대응하기에는 적합하지 않다"고
지적했다.

시스템

문제는 시스템이다. 트럼프 행정부 시절 FEMA의

행정관이었던 브록 롱은 주요 재난 목록에 새로운 항목을 그저 추가하는 것은 "낡은 녹슨 자전거 프레임에 새로운 부품을 묶는 일"이라 표현했다. 대형 인프라 소유자, 사회 지도자와 함께 합리적인 재난 측정 시스템을 재설계하는 방법에 대해 논의해야 한다는 의미다. 폭염과 산불 연기처럼, 기후 위기 시대의 재난은 눈에 보이는 것만이 다가 아니다. 보이지 않는 더위 속에서 감춰진 노숙자들이 죽음을 맞이하고, 경계 없이 퍼져 나가는 산불 먼지로 인해 도시 바깥의 사람들은 터전을 잃는다.

방법

논의되는 해결 방법은 다음과 같다. 폭염을 비롯해 사람을 중심으로 손해를 끼치는 재난에 대해 정의하고, 지역별 시나리오를 철저하게 구축한다. 관련한 재난이 인프라에 끼치는 계단식 영향을 예측하고 보강한다. 녹색 시설을 확장해 콘크리트의 면적을 줄이는 것도 방법의 하나다. 물론 이러한 구체적인 대책과 함께 논의돼야 하는 것이 또 있다. 바로 소리 없이 찾아오는 기후 재난을 수면 위로 올리는 일이다. 기후 재난은 누구에게나 똑같이 도달하지도, 거대한

사건처럼 눈에 보이지도 않는다. 과거의 재난이 부서진
건물로, 부러진 나무로 모습을 드러냈다면 지금의 재난은
흐릿한 아지랑이로, 뉴스에서 주목하지 않는 이들의 죽음으로
드러난다. 기후 위기 시대의 안전장치는 이곳을 향해야 한다.

IT MATTERS

조용한 재난에 이름을 부여하는 것으로 변화를 시작할 수
있다. 더위와 산불 연기의 입자에 명확한 임곗값을 설정하고,
그 범위를 설정하는 식이다. 해당 임곗값에 지역과 산업별의
차등을 두는 식으로 사각지대를 최소화할 수 있다. 기후
위기는 우리의 뇌를, 생각하는 회로를, 다양한 정책을
바꿨다. 그 변화만큼 모두가 당연하게 생각해 왔던 재난에
대한 정의도 바뀔 필요가 있다. FEMA를 비롯한 전 세계의
시스템은 재난을 눈에 보이는 사건으로 정의한다. 그러나
기후 위기가 조용히 찾아왔듯, 기후 위기 시대의 재난 역시
조용히 삶에 침투한다.

공화당은 왜 전기차를 증오하나

올해 미국 대선에서 전기차가 주요 쟁점으로 부상했다고 《워싱턴포스트》가 6월 17일 보도했다. 트럼프 전 대통령은 재집권에 성공하면 임기 첫날 바이든 정부의 전기차 확대 정책을 폐기하겠다고 공언한다. 바이든 정부는 기후 변화 대응 등을 위해 전기차에 최대 7500달러의 구매 보조금을 지급하는 인플레이션 감축법(IRA)을 2022년 8월부터 시행해 왔다. 이연대가 썼다.

미국에서 전기차는 단순히 자동차가 아니다. 총기, 낙태처럼 보수와 진보를 가르는 새로운 기준이 되고 있다. 바이든은 전기차 지원 정책을 추진한다. 트럼프는 이 정책을 "미친 짓"이라고 말한다. 유권자들도 갈리고 있다. 민주당원은 전기차에 우호적이고, 공화당원은 전기차에 적대적이다. 전기차가 문화 전쟁의 전선이 되면서 기후 변화 대응도 늦어지고 있다.

2023년 9월 미국 미시간주 웨인 카운티에 있는 포드 조립 공장에서 전미 자동차 노조(United Auto Workers) 회원들이 파업에 돌입하자 노동자들이 환호하고 있다.

당파성

전기차는 미국에서 정치 성향을 나타내는 새 지표가 됐다. 전기차를 좋아하면 민주당 지지자, 전기차를 싫어하면 공화당 지지자다. "향후 10년 내로 전기차 구매를 고려할 수 있습니까?"라는 질문에 공화당원의 55퍼센트는 "전혀 없다"고 답했다. 민주당원은 14퍼센트였다. 정치 성향에 따라 구매 의사가 4배 차이를 보인다. 전기차는 당파성을 띤다.

기후 위기 부정

공화당 지지자는 왜 전기차를 싫어할까. 우선 이들은 지구가 더워지고 있다는 데 회의적이다. 특히 트럼프는 "기후 변화는 사기"라고 할 만큼 기후 변화를 부정한다. 폭염과 폭우, 폭설 같은 기상 이변은 과거에도 있었고, 지금이라고 특별히 더 심각한 건 아니라고 생각한다. 실제로 트럼프는 재임 시절 미국의 파리 기후 협약 탈퇴를 선언하고, 환경 법규를 후퇴시켰다.

경제 피해

공화당 강경파는 중국 공산당이 전기차를 이용해 미국 경제를 무너뜨리려 한다고 주장한다. 중국은 인건비가 낮은데다 자국 전기차 회사에 막대한 보조금을 지급한다. 그렇게 생산한 저가의 제품을 세계 시장에 쏟아내니 미국 회사가 버틸 수 없다는 논리다. 게다가 전기차는 내연 기관 차량보다 부품 수가 적다. 전기차가 확산하면 미국 자동차 산업의 일자리가 줄어들 수 있다.

안보 우려

공화당이 전기차를 싫어하는 세 번째 이유는 국가 안보다. 전기차는 바퀴 달린 컴퓨터다. 중국의 저가 전기차가 미국 시장에 퍼지면 차량의 센서와 카메라로 미국 전역의 교통 패턴, 인프라, 미국인의 삶에 대한 정보를 수집할 수 있다는 것이다. 이 문제에는 민주당도 결을 같이한다. 바이든 정부도 안보를 이유로 중국 전기차에 대한 관세를 25퍼센트에서 100퍼센트로 올렸다.

계급 전쟁

전기차는 계급 전쟁의 전선이 되기도 한다. 정부의 보조금
지원 정책이 전기차 붐을 일으켰다. 그러나 대다수 미국인은
보조금을 받아도 여전히 내연 기관 자동차보다 비싼
전기차를 살 여유가 없다. 결국 보조금 지원은 부자들을
위한 정책이라는 정서가 공화당 지지자들 사이에 퍼져 있다.
캘리포니아 해안에 사는 엘리트들만 전기차를 모는데, 왜 내
세금을 써야 하냐는 것이다.

친환경 논쟁

공화당 강경파는 전기차가 정말 친환경적이냐 하는 의문도
제기한다. 폭스 뉴스 등 미국 보수 미디어는 전기차가 결코
친환경적이지 않다는 보도를 자주 내보낸다. 대략 이런
식이다. "전기차는 내연 기관 차량보다 더 무거워서 타이어가
더 빨리 마모되고, 도로와 교량 파손에 더 큰 영향을 미친다."
또한 배터리의 핵심 원료인 코발트는 아프리카의 어린이
노동자가 생산하기 때문에 내연 기관 차량보다 나쁘다고
주장한다.

민주당의 변화

한편 민주당도 최근 들어 전기차 전환을 미루는 모습을
보이고 있다. 올해 11월에 열리는 대선 때문이다. 미시간주는
미국 자동차 산업의 중심지다. GM, 포드의 본사가 모두
미시간주에 있다. 그런데 미시간주는 선거 때마다 표심이
바뀌는 경합 지역이다. 바이든은 자동차 산업 노동자들의
표심을 얻기 위해 차량 배기가스 규제안 등 전기차 전환
정책의 속도를 늦추고 있다.

IT MATTERS

미국 온실가스 배출량에서 교통 부문이 차지하는 비중은
30퍼센트다. 전기차를 빼고는 기후 변화 대응을 말하기
어렵다. 정치화된 전기차에 대한 반감을 줄이려면 어떻게
해야 할까. 정치 컨설턴트이자 전기차 지지자인 마이크
머피는 '전기차 정치 프로젝트'를 시작했다. 머피는
보수주의자들을 설득하려면 자동차의 기본으로 돌아가야
한다고 주장한다. 정치와 경제와 환경의 맥락에서
보수주의자를 설득할 것이 아니라 "전기차는 빠르고, 운전이

재미있고, 정기적인 유지 보수가 덜 필요한 차량"이라는 사실에 집중해야 한다는 것이다. 정치화된 문제를 정치로 해결할 수 없다면, 정치를 버리는 게 답이 될 수 있다.

그 코미디가 웃기지 않았던 이유

유튜브 예능의 일인자로 꼽혔던 '피식대학'이 '나락행'을
탔다는 비아냥이 나오고 있다. 발단은 지난 5월 11일 공개된
'경북 영양군 영상'이다. 지역명이나 환경, 음식 등을 조롱하는
내용이 담겼다. 반응이 거셌다. 구독자가 20만 명 가까이
이탈하면서 '300만' 채널 반열에서 내려오게 되었다. 영상은
내려갔고 일주일 만에 사과문도 올라왔다. 하지만 구독자
이탈은 계속되고 있다. 신아람이 썼다.

선 넘는 재미가 특징인 채널에 너무 점잖은 잣대가 적용된 것일까. 웃자고 만든 콘텐츠에 불편함을 느끼는 사람들이 까탈스러운 것일까. 그렇지 않다. 피식대학의 이번 콘텐츠는 유머와 풍자에 관한 깊은 오해에서 비롯했다. 쉽게 만들려 하다 삐끗했다. 더 큰 문제도 있다. 혐오와 조롱이 돈이 되는 현재의 시스템을 막을 방법이 없다는 점이다.

피식대학 채널의 인기 콘텐츠인 '피식쇼'의 로고. 사진 : 피식대학

풍자의 의미

"풍자는 전통적으로 강자에 대항하는 힘없는 자의

무기입니다. 저는 오직 권력자만을 겨냥합니다. 풍자가
힘없는 자를 겨냥할 때 그것은 잔인할 뿐만 아니라
저속합니다."

미국의 칼럼니스트이자 작가, 정치 평론가였던 몰리
아이빈스가 이야기한 '풍자'의 정의다. 아이빈스는 텍사스
출신이었다. 텍사스 지역의 정치인들과 정책들을 재치 있게
풍자하며 많은 사랑을 받았다. 퓰리처상 후보로도 세 차례
지명되었지만, 수상에 이르지는 못했다. 주요 타깃 중 한
명은 조지 W. 부시 대통령이다. 생전에 사이가 돈독했을
리는 없겠지만, 아이빈스의 사망 이후 부시 전 대통령은
아이빈스의 신념과 표현력을 존중한다고 밝힌 바 있다.

피식대학의 오해

제59회 백상예술대상에서 예능 작품상을 수상한 주인공은
피식대학이었다. 유튜브 채널로서는 처음이다. 지상파
방송국의 개그 프로그램들이 문을 닫고, 젊은 코미디언들이
대중 앞에 설 곳이 없어지면서 유튜브는 훌륭한 무대가
되었다. 좋은 발상과 재능이 있는 코미디언이 주목받게
되었다. 피식대학도 마찬가지다. 멤버 이용주는 백상 수상

소감에서 "우리는 '우리의 코미디'를 하기 위해, 스스로 우리만의 판을 만들었다"며 위험을 감수하고, 장벽을 부수고, 도전할 것이라고 밝혔다. 하지만 이번 영양군 영상은 그 무엇도 아니었다.

유럽인이 아프리카를 바라봤듯

영양군 콘텐츠가 담고 있던 것은 노골적인 수도권 우월주의였다. 우리나라를 수도권과 비수도권이라는 두 개의 계급으로 구분 지어 지역에 따른 상대적 우월감을 강조하는 감수성이다. 그들의 언어는 지역의 모든 것을 서울과 서울발 브랜드의 하위 호환으로 규정짓는다. 동네 제과점의 햄버거빵을 '롯데리아'와 비교하거나 로컬푸드 직매장을 '더 현대'라며 비꼬는 식이다. 이들의 개그는 문화적 차이에서 오는 생경함을 주제로 하지 않는다. 서울이 되지 못한/않은 지역의 삶을 서울의 기준으로 평가하는 오만함이 그 정체다. 그들은 대체 무엇에 도전한 것인가.

누구를 향할 것인가

피식대학의 콘텐츠 중에는 사회에서 '과장님', '부장님' 소리를 듣는 층에 대한 풍자를 담은 것들이 있다. 이들이 100만을 넘어 300만 유튜버로 뛰어오르는 과정에 큰 역할을 했다. 권력을 향한 풍자는 사회적 무게추를 끌어 내리고 카타르시스를 안긴다. 전복의 힘이다. 하지만 약자, 혹은 약하다고 간주하는 계층을 대상으로 한 우월감 놀이는 우리 사회에 이미 팽배한 힘의 논리에 올라탄 게으른 기획일 뿐이다. 그런 콘텐츠에 천착하다 지상파 개그 프로그램이 하나둘 문을 닫았다.

낙타를 낙타라 하지 못하고

풍자는 어렵다. 사건의 맥락은 물론이고 부조리의 핵심을 꿰뚫어야 하니 재능도 노력도 필요하다. 게다가 발목을 잡히는 경우도 있다. 지난 2015년 낯선 호흡기 전염병 '메르스'가 국내에 유입되었을 당시 정부의 메르스 관련 정책을 풍자했던 개그 프로그램들이 있었다. 별다른 것이 아니었다. 정부가 내놓은 메르스 예방법을 그대로 주워섬긴

것에 불과했다. '낙타와 같은 동물 접촉을 피하고 낙타 고기나 낙타 우유를 먹지 않도록 해야 한다'는 내용이다. MBC 〈무한도전〉도, KBS 〈개그콘서트〉도 방송·통신심의위원회의 징계를 받았다. 현장에선 이런 일에 쉬이 위축되기 마련이다. 그래서 코미디는 쉬운 길을 택했다. 이주 노동자나 돈 많은 중년 여성, 비만인 등을 조롱하는 웃음이다.

코미디의 수명

2019년 〈개그콘서트〉는 1000회 방송을 축하하는 기자 간담회를 가졌다. 수많은 유행어를 남겼던 전설적인 프로그램이었지만, 현장의 분위기는 밝지 않았다. 약자 비하는 사실, 당시로서는 검증된 소재였다. 이렇게 하면 반드시 웃긴다는 경험이 20년 치 쌓여 있었다. 하지만 미디어도, 시대도 변화했다. 불편함을 느끼는 시청자가 늘어났고, 이에 따라 식상함이 도드라져 보이게 되었다. 옳지 않아서 웃기지 않은 것이 아니라, 더 이상 웃긴 얘기가 아니라서 웃지 않게 되었다. 제작진은 운신의 폭이 좁아졌다고 느꼈다. 결국 〈개그콘서트〉는 2020년 1050회로 종영을 결정한다. 그리고 지난 2023년 11월 부활해 새로운 도전에 나섰다.

유튜브는 혐오를 팔고

조롱이든 풍자든, 지상파에선 '매운맛'이 힘들어 한계가 있는
것 아닐까. 그렇다면 심의와 제재가 없는 유튜브 공간에서는
어떨까. 명확한 답은 모른다. 콘텐츠도, 수용자도 그 폭이 너무
넓기 때문이다. 다만 참고할 만한 연구 결과는 있다. 유튜브와
틱톡 알고리즘이 젊은 남성들에게 여성 혐오적인 내용이 있는
콘텐츠를 자동 추천하고 있다는 연구 결과다. 알고리즘은
분열을 추천한다. 또, 사이버렉카가 사회적 혐오의 대상에
속하는 대상을 타깃으로 다룰 때 악플 생산이 더욱
증가한다는 연구도 있다. 즉, 사회적 대립과 갈등에 기인하는
혐오 정서가 사이버렉카를 통해 반향되며 증폭된다고 할 수
있다. 그런데 여기서 눈에 띄는 점이 있다. 사이버렉카가 직접
악의적인 표현을 한다고 해서 악플 생산에 유의미한 영향을
미치지는 않는다는 것이다.

결국, 사이버렉카의 콘텐츠는 혐오의 에너지를 보존하고 반향실 효과(echo chamber)를 일으키지만, 사이버렉카의 언행이 그 혐오의 에너지를 증폭시키는 데에 기여한다고 보기는 힘들다. 혐오의 메시지는 결국 혐오하는 자들의 존재를 비추는 거울로서 작동한다. 어떤 콘텐츠를 만드느냐에 따라 사람이 모인다. 어떤 구독자에게 가 닿을지를 결정하는 것은 결국 만드는 쪽의 결정이다. '구독자들이 좋아하니 이런 콘텐츠를 한다'는 이야기가 어색한 이유다.

피식대학의 조롱은 300만이 넘는 구독자 수를 고려했을 때 '구독자가 원하는' 콘텐츠였다고 하기 힘들다. 게으르고 쉬운 기획임과 동시에 그들의 구독자가 어떤 사람인지 파악하지 못한 무능이었다. 유튜브는 통신의 영역이다. 주체는 글로벌 기업이다. 우리나라의 방송법에 규정된 심의나 제재의 대상이 될 수 없다. 심의에 기댈 수 없다면 품위에라도 기대야 하는 것일까. 그건 너무 순진한 생각일지도 모른다. 하지만, 여전히 품위가 작동하고 있다. 유튜브 생태계에서도 규모가 실현되면 시장의 원리가 작동한다.

누구를 위해 올림픽은 열리나

2024 파리 올림픽을 앞두고 파리 시민들이 분주하다.
올림픽을 준비하고 도시를 단장하기 위해서가 아니다.
시민들은 올림픽 기간 파리에 오지 말 것을 당부하는
동영상을 틱톡에 올리거나, 부랴부랴 짐을 싸 올림픽 기간
파리를 떠날 채비를 하고 있다. 지금, 파리 시민들은 올림픽을
보이콧하고 있다. 신아람이 썼다.

WHY NOW

올림픽은 세계인의 축제다. 그러나 종종 시민의 축제는 되지 못했다. 오히려, 시민들은 국제 행사를 말끔히 치르기 위해 밀려나거나 숨겨져야 했으며, 일상의 불편을 감내해야 했다. 이번 파리 올림픽도 그럴 가능성이 높아 보인다. 이전과 달라진 것이 있다면 시민들이 목소리를 높여 부조리를 지적하고 항의하고 있다는 점이다. 올림픽에 대한 항의가 아니다. 파리라는 도시에 대한 항의다.

2024 파리 올림픽 공식 포스터. 사진 : 2024 파리 올림픽

올림픽 피난

2024년 올림픽은 오는 7월 26일부터 8월 11일까지 치러진 후, 8월 28일부터 9월 8일까지 패럴림픽이 이어진다. 준비 기간 등을 고려하면 약 두 달간 파리는 올림픽의 도시가 된다. 그런데 파리 시민들은 이 축제를 함께 즐길 생각이 없어 보인다. 오히려 짐을 싸고 있다. 해당 기간 긴 여름휴가를 떠나거나 집은 관광객에게 단기 임대 형식으로 빌려주고 지방에 거처를 구해 머물겠다는 시민도 있다. 기업에서도 재택근무를 권장하는 분위기다.

120년 된 지하철

시민들의 냉담한 반응은 물가가 오르고 일상생활이 불편해질 것이라는 전망 때문이다. 특히 대중교통을 이용한 출퇴근이 가능할 것인지 의문을 제기하고 있다. 파리는 서울만큼이나 인구 밀도가 높다. 올림픽이 아니어도 관광객으로 넘친다. 지하철은 1900년에 개통했다. 아무리 현대화하고 차량을 새로 들여도 좁고 작게 설계된 120년 전의 지하철 역사는 이미 수용 능력에 한계가 왔다. 여기에 올림픽을 보러 온 전 세계의 손님들까지 가세한다면 대혼란이 벌어질 것이라는 우려가 나온다. 더 큰 우려는 당국의 대책이다. 올림픽 기간 대중교통 요금을 두 배가량 인상하겠다는 것이다.

한여름의 파리 산책

대중교통에 너무 많은 사람이 몰려 발생할 혼잡을 완화하기 위한 대책이다. 또, 한 달 이상의 장기 정기권을 사용하는 파리 시민들은 예외라는 설명이다. 대중교통 확충을 위해 돈도 썼다. 올림픽을 목전에 둔 6월 말, 파리 지하철 14호선이 연장 개통된다. 하지만 당장에 비난이 나왔다. 올림픽을 맞아 파리를 찾은 방문객에게 공식적으로 바가지를 씌우는 것 아니냐는 것이다. 물론 당국은 추가 대책도 내놨다. 발레리 페크레스 일드프랑스 도지사는 올림픽 기간 중 사람이 많이 몰리는 역을 폐쇄하겠다는 계획을 밝히며 시민과 방문객들이 '걸어서' 이동할 것을 촉구했다.

파리 스타일

뜨거운 여름, 일상을 사는 시민들은 둘째 치고 방문객들이 파리 시내를 걷고 걸어 올림픽 경기장을 찾을 이유가 있을까. 사실, 파리 올림픽은 그 어느 때보다 이색적이고 화려한 경기장을 준비하고 있다. 예를 들어 에펠탑 광장에서 펼쳐질 비치발리볼 경기, 베르사유 궁전에서 선보일 승마와 근대5종, 태권도와 펜싱 등을 겨룰 그랑팔레 등을 꼽을 수 있다. 하지만 파리 시민들이 가장 주목하고 있는 경기장은 따로 있다. 바로 철인 3종 경기와 수영 종목이 치러질 센강이다.

무엇이 떠다니는가

파리는 19세기 중반 진행된 '파리 개조 사업'을 통해 구부러진 길을 펴고 가로등을 설치하고 대규모 녹지를 조성했다. 대규모 시위를 쉽게 진압하기 위한 목적이었지만, 그 형태와 결과는 일종의 도시 정비 사업이었다. 이때 상하수도망도 정비했다. 당시로서는 최첨단 도시 시스템이었다. 그러나 시간이 지나며 파이프는 얽히고설켰다. 때문에 센강에는 '화장실에서 볼 수 있는 모든 것'이 떠다닌다는 자조 섞인 농담이 파리 시민 사이에 떠돈다. 1923년부터 센강에서는 수영할 수 없다. 수질 오염 때문이다. 100년 된 오염을 정화해 수영장으로 쓰겠다는 것이 파리시의 계획이다.

시민들의 우려와 조소가 이어지자 안 이달고 파리 시장은 6월 23일 본인이 직접 센강에서 수영하겠다고 선언했다. 마크롱 대통령도 동참 의지를 밝혔다. 하지만, 이 선언도 시민들을 설득하지는 못했다. 오히려 지금 X 등의 소셜 미디어 플랫폼을 중심으로 #JechiedanslaSeinele23Juin이라는 해시태그가 유행하고 있다. 6월 23일 '나는 센강에 변을 보겠다'는 뜻이다. 6월 23일 센강에 변이 도착하려면 현재 위치를 기준으로 언제 용변을 봐야 하는지 계산해 주는 웹사이트까지 등장했다.

정치인의 무리수

낯설지 않은 모습이다. 팬데믹 기간 중 도쿄 올림픽을 기어이 밀어붙였던 일본에도, 후쿠시마산 수산물이 안전하다며 '먹방'을 선보였던 정치인이 있었기 때문이다. 시민들은 멋진 파리를, 강력한 프랑스를 전 세계에 홍보하기 위해 여념이 없는 정치인들을 향해 외친다. 파리는 낡았고, 좁고 더럽다고. 파리는 준비되지 않았으며, 이대로 올림픽을 치른다면 막대한 불편을 감당해야 하는 것은 정치인이 아니라 시민이라고.

불만을 넘어 불안도 공존한다. 유럽에서 가장 큰 유대인
공동체와 무슬림 공동체가 모두 프랑스에 있다. 이스라엘도,
팔레스타인도 올림픽에 참가한다. 테러 위협으로 파리 시내의
다리 몇 곳이 통제될 예정이다.

올림픽은 늘 정치였다. 냉전 시대의 이야기가 아니다.
이후로도 늘 국민을 하나로 모아 국가라는 이념을 성립하게
해 주는 도구로 작동해 왔다. 올림픽은 자본주의이기도
하다. 유례 없는 감염병에 불안감이 아직 가시지 않았을 때,
도쿄에서는 중계권 장사를 위한 좋은 타이밍을 놓칠 수 없어
올림픽이 기어코 개최되었다.

하지만 시민은 성장하고 소통은 넓어졌다. 판자촌이 밀렸던
80년대와 난민들이 지방으로 실려 가는 2020년대는 여전히
닮은 구석이 있지만, 이제 시민들은 불편함을 이야기하고
정치인의 경솔함을 비난한다. 엉망진창으로 보이지만,
이것이 어쩌면 우리 모두를 위한 올림픽일지도 모른다.
문제를 드러내고, 시민들이 그것을 이야기하는 올림픽.
아이러니하게도, 파리는 100년 만에 시민들의 올림픽을
앞두고 있다.

탐사수는 어떻게 1위가 되었나?

쿠팡이 자체 브랜드(PB) 상품 구매를 유도하기 위해 상품
검색 순위를 조작하고 임직원을 동원해 후기를 올린 혐의로
과징금 1400억 원을 물게 됐다. 공정거래위원회는 6월 13일
쿠팡의 PB 상품 납품 자회사인 CPLB와 쿠팡을 위계에 의한
고객 유인 혐의로 시정 명령과 함께 과징금 1400억 원을
부과하고, 두 회사를 검찰에 고발하기로 했다. 이연대가 썼다.

공정위의 제재 발표 직후 쿠팡은 "행정 소송을 통해 법원에서 부당함을 적극 소명하겠다"며 공식 입장을 냈다. 그러면서 "상품을 자유롭게 추천하고 판매할 수 없다면 지금과 같은 로켓배송 서비스를 유지하기 어렵다"고 밝혔다. 실제로 쿠팡은 6월 20일로 예정된 부산 첨단물류센터 기공식을 취소했다. 사실상 소비자를 압박해 여론전에서 승기를 잡겠다는 것이다.

쿠팡의 배송 차량. 사진: 쿠팡

쿠팡의 이중적 지위

쿠팡은 이중적 지위를 갖고 있다. 상품 거래를 중개하는
플랫폼이자 자기 상품(직매입 상품, PB 상품)을 판매하는
판매자다. 쿠팡에서 판매되는 상품은 4억 개가 넘는다. 중개
상품 4억 개, 직매입 상품 600만 개, PB 상품 1만 5000개다.
쿠팡에서 판매되는 자기 상품과 중개 상품의 비율은 2022년
거래액 기준으로 7 대 3이다. 자기 상품이 훨씬 더 많이
팔린다.

쿠팡 랭킹

쿠팡의 상품 검색 순위인 '쿠팡 랭킹'은 판매량, 구매 후기의
수, 평균 별점 등 소비자 반응을 종합해 알고리즘으로
순위를 매긴다. 소비자는 쿠팡 랭킹이 높으면 해당 상품의
판매량이나 구매 후기가 우수하다고 인식한다. 구매에 영향을
받을 수밖에 없다. 공정위는 쿠팡이 21만 개 입점 업체의
4억 개 이상의 중개 상품보다 자기 상품을 인위적으로 랭킹
상위에 올렸다고 판단했다.

검색 순위 조작

공정위 조사 결과 쿠팡은 2019년 2월부터 3가지 알고리즘을 이용해 최소 6만 4250개의 자기 상품을 검색 순위 상위에 고정 노출했다. 머신러닝을 통해 검색 순위를 결정한 뒤 마지막 단계에서 인위적으로 자기 상품을 상위에 끼워 넣었다. 예를 들어 쿠팡의 PB 상품인 생수 '탐사수'는 애초 100위권 밖에 있었지만, 순위 조정 후 1위에 올랐다. 1년 9개월간 상위에 고정 노출되면서 매출 630억 원을 기록했다.

임직원 후기 작성

쿠팡은 일반 소비자로 구성된 체험단을 구성해 자기 상품의 구매 후기를 수집하려 했지만, 출시 초기의 PB 상품은 인지도가 낮아 후기를 모으기 어려웠다. 그러자 2297명의 임직원을 이용해 PB 상품에 긍정적인 구매 후기를 달고 높은 별점을 부여하게 했다. 최소 7342개의 PB 상품에 7만 2614개의 구매 후기를 작성하고, 평균 4.8점(만점 5점)의 별점을 부여해 검색 순위 상위에 노출되기 유리하게 만들었다.

가격 경쟁

쿠팡의 자기 상품이 검색 순위 상위에 장기 노출되면 결국
피해는 소비자에게 돌아간다. 쿠팡의 검색 순위 알고리즘은
가격이 내려가면 순위가 올라가도록 설계돼 있다. 알고리즘이
판매자 간 가격 경쟁이 이뤄지도록 작동하는 것이다. 이런
상황에서 쿠팡이 자기 상품을 상위에 지속 고정 노출하면,
다른 입점 업체들은 가격을 내려도 상위에 노출되지
않아 가격을 내릴 유인이 없고, 쿠팡은 이미 자기 상품이
상위이므로 가격을 내릴 유인이 없다. 즉 가격 경쟁이
일어나지 않는다.

쿠팡의 반박

쿠팡은 즉각 반박했다. 쿠팡 랭킹은 소비자 선호도를 고려해
제품이 추천되는 방식이고, PB 상품은 양질의 저렴한
제품으로 소비자 선호도를 갖춘 제품이라 순위 조정을 했다는
것이다. 임직원의 후기 작성 역시 고객에게 제품에 대한 정보
제공이 목적이었다고 밝혔다. 공정위가 문제 삼은 기간의
직원 후기는 전체 PB 상품 리뷰 2500만 개의 0.3퍼센트에

불과하고, 지속적으로 별점 1점을 부여한 직원에게도
불이익을 주거나 개입한 적이 없다고 주장했다.

로켓배송

공정위의 제재 발표 직후 쿠팡은 "전 세계 유례없이 '상품
진열'을 문제 삼아 지난해 국내 500대 기업 과징금 총액의
절반을 훌쩍 넘는 과도한 과징금을 부과한 것은 형평 잃은
조치"라며 행정 소송을 진행하겠다는 공식 입장을 냈다.
그런데 눈에 띄는 건 입장문의 앞부분이었다. 쿠팡은 상품을
자유롭게 추천하고 판매할 수 없다면 로켓배송 서비스를
유지하기 어려워 결국 소비자의 불편과 피해로 이어지고,
25조 원의 투자 계획도 중단될 수 있다고 했다.

소비자 피해

쿠팡의 공식 입장 발표 이후 주요 인터넷 커뮤니티에선
공정위의 과도한 규제를 비판하고, 쿠팡의 입장을 옹호하는
의견이 다수 올라왔다. 이유는 간단하다. 막대한 규모의
과징금을 메꾸기 위해 쿠팡이 PB 상품의 가격을 올릴 수

있다는 것이다. 결국 소비자가 과징금을 내게 된다는 것이다.
쿠팡이 경고한 대로 로켓배송이 사라지는 것 아니냐는
우려도 나왔다. 오프라인 업체도 PB 상품을 잘 보이는 곳에
진열하는데, 역차별 아니냐는 의견도 있었다.

IT MATTERS

구매는 계약 행위다. 물건을 구입한다는 것은 소비자와
판매자 간의 물품 구매 계약이 체결됐다는 것을 의미한다.
판매자가 인기 순위를 조작하거나, 다른 입점 업체들에는
금지하면서 자신들만 임직원을 동원해 후기를 올리는 것은
실제로는 그렇지 않은 상품을 "이 상품이 요즘 제일 잘
나가요" 하고 소비자를 속여서 상품을 선택하게 하는 행위다.
쿠팡은 여론을 호도하고 있다. 공정위가 로켓배송을 하지
말라고, PB 상품을 판촉하지 말라고 한 것이 아니다. 이중적
지위를 남용해 순위를 조작하지 말라는 것이다.

스타십 4차 발사 성공

스페이스X가 개발한 세계 최대의 우주선 '스타십(Starship)'이
지구 궤도 비행과 귀환에 성공했다. 6월 6일 오전 7시
50분, 스타십은 미국 텍사스주 남부 보카치카 해변의
우주 발사 시설 '스타베이스'에서 발사됐다. 1단 로켓은
우주선에서 분리된 후 멕시코만에 착륙했고, 우주선은 고도
210킬로미터에 도달해 지구를 한 바퀴 돌고 인도양으로
귀환했다. 이연대가 썼다.

빌 넬슨 미국 항공우주국(NASA) 국장은 스타십 발사 성공에
대해 "달에 인류를 다시 보내고 화성으로 전진하는 여정에
한 걸음 더 내디뎠다"라고 말했다. 스타십은 NASA의 유인
달 탐사 프로젝트 '아르테미스' 프로그램에 사용될 예정이다.
또한 일론 머스크의 꿈인 인류의 화성 개척에도 핵심적인
역할을 하게 된다.

2024년 6월 6일 미국 텍사스주 남부 보카치카 해변의 우주 발사 시설에서
스페이스X가 스타십을 발사하고 있다. 사진: 스페이스X

화성 이주

"모든 일이 잘 풀린다면 앞으로 10년 안에 인간이 화성에
도착하게 될 것이다." 2016년 스페이스X의 CEO 일론
머스크가 화성 이주 계획을 공개했다. 2050년까지 인류
100만 명을 화성에 이주시킨다는 계획이다. 당시 머스크는
승객 100명을 태우고 80일 안에 화성에 도착할 수 있는
대형 우주선을 개발하겠다고 밝혔다. 그 우주선이 바로
스타십이다.

정착 기지

화성에 유인 탐사선을 보내는 것도 성공하지 못했는데, 100만
명을 이주시켜 정착 기지를 만들겠다는 계획에 대다수가
허황하다는 반응을 보였다. 기술력도 문제지만, 천문학적인
비용을 어떻게 감당하느냐는 것이다. 우주 발사체는 로켓과
우주선으로 이뤄진다. 로켓의 끝부분에 우주선이 실려 있다.
보통 유인 우주선은 5명 이하가 탑승한다. 100만 명을 화성에
보내려면 20만 번 발사해야 한다. 누리호 1회 발사 비용이
1200~1400억 원 정도였다.

재사용

그래서 스페이스X는 로켓을 재활용하기로 했다. 일반적인 로켓은 위성이나 우주선 같은 탑재물을 지구 궤도로 올려놓은 뒤 분리돼, 공중에서 낙하해 바다에 버려진다. 즉 일회용이다. 이 작업에 발사 비용의 70퍼센트가 들어간다. 스페이스X는 발사된 로켓을 지상으로 유도해 원하는 위치에 착륙시키는 기술을 개발했다. 이 로켓을 회수해 연료를 다시 채우면 수십 번 재사용할 수 있다.

100인승

로켓 재사용이 가능해져도 한 번에 5명씩 보내서는 100만 명을 이주시키기까지 한도 끝도 없이 걸린다. 그래서 스페이스X는 100명을 태울 수 있는 초대형 우주선 '스타십'을 개발했다. 스타십은 로켓 부분을 포함한 길이가 121미터로 누리호의 2.5배, 탑재 중량은 최대 150톤으로 누리호의 100배에 달한다. 화성까지 80일이 걸리기 때문에 객실, 식당 같은 편의 시설도 향후 탑재될 예정이다.

세 번의 피드백

이번 스타십 발사는 네 번째였다. 앞선 세 번의 발사는 모두 실패했다. 첫 발사였던 2023년 4월에는 스타십이 하단의 로켓과 분리되지 않아 4분 만에 자폭했다. 2023년 11월에는 스타십이 로켓 분리에는 성공했지만 8분 만에 통신이 끊기며 10분 만에 자폭했다. 2024년 3월에는 48분간 비행하며 지구 궤도에 도달했지만, 재사용을 위한 귀환 과정에서 열기를 견디지 못하고 폭발했다. 스페이스X는 세 번의 시험 비행에서 데이터를 확보했고, 마침내 성공했다.

4차 발사

이번 발사에서 발사체의 아랫 부분인 '슈퍼 헤비' 로켓은 상단 우주선 스타십을 하늘로 쏘아 올린 후 분리돼, 발사 지점 근처인 멕시코만 해안으로 돌아와 착륙했다. 스타십은 슈퍼 헤비와 분리된 후 자체 엔진을 켜고 고도 210킬로미터까지 올라갔다. 이후 40분간 지구 궤도를 비행하고 대기권으로 재진입했다. 스타십은 하단이 아래로 향하게 방향을 틀고 역추진 엔진을 이용해 서서히 하강해 인도양에 착륙했다.

다음 스텝

4차 발사도 완벽하지만은 않았다. 스타십에 탑재된 카메라로
촬영된 영상을 보면 대기와의 마찰열로 날개 부분에서 육각형
타일이 떨어져 나왔다. 스페이스X는 합금을 보강하고, 제조
용이성을 높이기 위해 날개 위치를 개선한 스타십을 개발
중이다. 또한 발사 시설 스타베이스에 새로운 제조 시설
스타팩토리를 건설하고 있다. 매일 1기의 스타십 로켓을
생산하는 게 목표다.

IT MATTERS

2021년 NASA는 1972년 이후 처음으로 인간을 달에 보내려는
아르테미스 프로그램의 달 착륙선으로 스타십을 선택했다.
스타십의 비행은 이번에도 완벽하지는 않았다. 달을 넘어
화성까지 가려면 더 많은 기술적 난제를 해결해야 한다.
그러나 머스크는 세계 최대의 로켓과 우주선을 재사용한다는
비전을 실현했다. 더구나 스타십은 갈수록 개선되고 있다.
시험 발사에 걸리는 시간이 7개월, 4개월, 3개월로 점점
단축되고 있다. 화성 이주도 꿈만은 아니다.

넥스트 스마트폰은 왜 실패했을까

포스트 스마트폰 시대를 위한 발명품인 '휴메인 AI 핀'을 제작한 휴메인(Humane)이 HP를 비롯한 기업들에 회사를 매각하는 것을 논의 중이다. 판매량이 목표치의 10분에 1에 그치면서 회사가 휘청인 것이다. 첫 제품이 출시된 지 불과 두 달 만, 제품 개발에 진입한 지 5년 만이다. 휴메인은 출범 당시 오픈AI의 CEO 샘 올트먼과 세일즈포스의 CEO인 마크 베니오프로부터 2억 4000만 달러를 모금하며 주목을 받았다. 김혜림이 썼다.

혁신의 모먼트를 만든 기업들은 언제나 현실에 존재하는
문제를 발견하고 해결 방법을 재정의해 왔다. 기술은 문제를
정의하고 해결하는 과정에서 동원되는 도구에 불과하다.
도구와 목적을 뒤바꾼 혁신은 지속하기 어렵다. 휴메인의
실패를 들여다보면 무엇이 혁신을 만들 기술인지 가늠할 수
있다.

휴메인이 출시한 AI 핀. 사진: 휴메인

제2의 두뇌

휴메인의 목표는 사람과 언제든 붙어 있는 제2의 두뇌, 즉

AI 보조자였다. 자석으로 옷에 부착되는 AI 핀은 사용자만을 위한 개인 비서가 된다. 디스플레이가 없는 대신 음성과 터치를 통해 기기를 제어할 수 있고, 레이저 프로젝터로 손에 영상을 비춰 정보를 파악할 수 있다. 카메라를 활용한 제스처 입력도 가능하다. 휴메인은 AI 핀이 스마트폰에 넘쳐 나는 화면과 콘텐츠에 잡아 먹히지 않고 현실 세계에 집중하도록 하는 기기라고 소개했다.

불완전한 기계

출시된 지 일주일, 다양한 매체에서는 혹평이 쏟아졌다. 발열이 심해 사용하기 어렵다는 이야기가 나왔고, 번역 기능에 언어적 한계가 있다는 점도 문제로 지적됐다. 기술 매체 '씨넷(CNET)'에 따르면 음성 제어 AI 서비스는 불완전하고 신뢰할 수 없는 답변을 내놨다. 레이저 프로젝터 역시 햇빛이 있는 야외에서는 쓸모가 없었고 손가락 위에 영사된 텍스트는 구부러져 읽기가 힘들었다. 심지어 휴메인은 AI 핀의 충전 케이스에 화재 위험이 있으니 사용을 중단하라는 공지를 올리기도 했다.

낙관적 사고

기술이 채 완성되기도 전에 제품이 시장에 나왔다. 이유가
무엇일까. 휴메인은 애플 HCI 분야에서 일한 임란 초드리와
운영체제 분야에서 PM으로 근무한 베사니 본조르노 부부가
설립했다. 애플 출신인 두 엔지니어의 창업은 실리콘밸리
내에서 많은 관심을 끌었다. 실리콘밸리가 보낸 신기술에
대한 관심과 투자는 지나치게 긍정적이고 낙관적인 사고로
이어졌다. 두 CEO는 낮은 배터리 수명과 전력 소비에 대한
경고를 무시했다. 출시 이전 핀을 시연했을 때 임원들은 핀의
배터리를 얼음 팩에 넣어 냉각시킬 정도였다. 《뉴욕타임스》에
따르면 한 소프트웨어 엔지니어는 핀의 디자인 준비 상태에
대해 두 CEO에게 질문했다가 해고당하기까지 했다. 두
창립자는 "부정적인 말을 함으로써 회사 정책을 어겼다"고
해고 이유를 밝혔다.

고 피버

1967년 아폴로 1호가 불에 탄 이후, 우주산업에는 '고 피버(go
fever)'라는 신조어가 생긴다. 잠재적인 문제나 실수를 간과한

채 프로젝트를 완수하기 위해 서두르는 태도를 의미한다. 이미 소요된 예산과 시간이 많을수록, 성공에 대한 낙관에 찼을수록 강화된다. 지나친 낙관과 투입된 예산에는 신기술을 향한 과열된 기대가 한몫했다. 아마존이 자랑했던 '저스트 워크 아웃(just walk out)'이 인간을 숨긴 것과 같은 이유다. 사람들은 새로운 기술의 출현에 환호를 보낸다. 신기해 보이는 기술과 새로운 외형에 투자금이 몰리고 이름값이 오른다. 기술은 마케팅 용어의 한 차원으로 축소된다. 홍보를 위해 신기술을 사용하면서 시장에는 위험한 제품이 쏟아진다. 결과물을 빠르게 내야 한다는 생각, 성공할 것이라는 낙관이 오히려 AI 핀의 좌절을 불렀다.

99센트 스마트폰

게다가 시장은 아직 스마트폰을 대체할 이유를 찾지 못했다. 아마존이 2014년 출시했던 파이어폰 역시 불편을 해결하거나 필요를 제기하지 못한 제품 중 하나였다. 파이어폰에는 전방에 120도 카메라가 네 개 달려 있었다. 사용자의 얼굴이나 피사체를 인식해 그럴듯한 입체 이미지를 만들어 줬다. 카메라로 피사체를 비추면 파이어폰은 이미지를 직접 인식해 검색하고, 그를 아마존에서 바로 구매할 수 있도록 연결해 줬다. 새로운 기술이었지만 사람들의 불편과 필요를 해소해 주지는 못했다. 개발자까지도 "이 기능이 고객들에게는 아무 가치가 없을 것"이라 밝히기까지 했다. 파이어폰에서는 애플리케이션을 찾기 힘들었다. 스마트폰의 기본 특성마저 구현하지 못했던 것이다. 제품 출시 6주 만에 199달러였던 파이어폰은 99센트가 됐다. 그런데도 아무도 사려 하지 않았다.

질문의 순간

휴메인 AI 핀은 그런 아마존의 파이어폰을 닮았다. 기술이 문제를 발굴하거나 재정의하는 도구가 아니라 그 자체가 혁신의 주인공이 되면서다. 파괴적 혁신은 산업에 존재하는 문제를 문제로 명명하고 새로운 방식의 해결을 제안하며 시장을 창출한다. 넷플릭스는 영화와 콘텐츠를 접하고 보는 공간과 방식, 소비 방법을 바꿨고 에어비앤비는 여행의 페인포인트와 숙소의 한계에 주목했다. 애플은 공간에 얽매인 인터넷이라는 문제를 발견하고, 그 해결 방안으로서 아이폰을 세상에 내놨다. 혁신은 그간 불편하다 느끼지 못했던 문제를 발굴하고, 문제라고 이름 붙이는 데서 탄생한다. 기술은 그 질문을 직관적으로 던지기 위한 도구에 지나지 않는다.

혁신보다는 객기

인간과 인공지능 사이 상호 작용을 연구하는 한양대학교 고민삼 교수는 "서비스를 디자인할 때 중요한 것은 문제 해결이지, 기술이 아니"라고 말했다. 문제를 먼저 생각하고, 그것에 맞게 기술을 정하는 게 알맞은 순서라는 의미다. 우리는 때때로 새로운 형태의 기기를, 생각하지 못했던 방법을 제시하는 것을 '혁신'이라 착각한다. 그러나 혁신은 결과물이 아닌 문제를 제기하는 과정에 있다. 휴메인의 AI 핀은 시의적절하게 문제를 발굴하지 못했다. 그들이 제기한 스마트폰의 문제는 사람들이 체감하기엔 너무 일렀다. 기술은 그들이 명명한 문제를 매끈하게 해결할 정도로 충분히 성숙하지 못했다. 혁신은 불편함의 감각이 태동하기 시작할 때, 과거부터 준비해 온 매끈한 기술의 해결 방안이 합쳐질 때 탄생한다. 그런 점에서 휴메인의 AI 핀은 혁신보다는 객기에 가까웠다.

휴메인이 열려 했던 스마트폰 이후의 세계는 어디로 향할까.
스마트폰 시장은 스마트폰을 대체할 하드웨어가 아닌,
인공지능이 결합할 새로운 소프트웨어를 다음 단계로 보고
있다. 그러나 마냥 상황이 밝지만은 않다. 기술 매체 '더
버지(The Verge)'는 스마트폰에 AI를 먼저 도입한 삼성의
갤럭시S24의 기능을 두고 "재미있지만 이상적이지는 않다"고
평가했다.

애플이 이번에 WWDC에서 발표한 새로운 아이폰은 어떨까.
시리와 나누는 대화, AI 기반 이미지 생성 기능과 맞춤형
이모티콘 제작은 재미있는 기술이지만, 그것만으로는
부족하다. 애플의 기술이 아이폰 모먼트의 혁신을 다시 한번
만들기 위해서는 지금 해결하고 발굴할 문제가 무엇인지를
확실히 정의해야 한다. 기술은 그다음이다.

케냐의 디지털 액티비즘

케냐 의회가 6월 25일 정부가 제출한 증세 법안을 가결했다.
국가 부채를 갚기 위해 세금을 올리는 법안이었다. 달걀, 양파,
감자 같은 식료품, 인터넷 사용료, 은행 송금 수수료 등에
부과하는 세금을 인상하는 내용이다. 의회를 통과한 법안은
대통령이 서명하면 발효된다. 그런데 대통령이 법안을 돌연
철회하기로 했다. 전국적인 반대 시위 때문이다. 이연대가
썼다.

수도 나이로비에서 시작된 시위는 전국으로 퍼졌다. 거의
모든 도시에서 시위가 열렸다. 증세 반대는 물론이고 대통령
사퇴를 요구하는 목소리까지 나왔다. 결국 대통령은 법안을
폐기할 수밖에 없었다. 이번 시위를 주도한 사람 중 다수가
Z세대였다. 이들은 소셜 미디어와 AI를 이용해 신속하고
유기적인 시위를 조직했다. 디지털 액티비즘이 대중을 물리적
광장으로 불러냈다.

2024년 6월 25일 케냐 나이로비의 의회 앞에서 세금 인상에 반대하는
시위가 벌어지고 있다. 사진: Gerald Anderson/Anadolu via Getty
Images

증세

케냐는 연간 세수의 37퍼센트를 빚 갚는 데 쓴다. 원금 상환이 아니라 이자 지급만 그렇다. 국제통화기금(IMF)은 차관을 더 빌리려면 증세로 재정 취약성을 줄여야 한다고 압박했다. 그래서 작년에 이미 소득세를 올리고, 석유 제품의 부가세를 16퍼센트로 두 배 올렸다. 그래도 돈이 모자랐다. 결국 연간 27억 달러 상당의 세금을 추가로 징수할 수 있는 법안을 만들었다.

Z세대

케냐 국민은 분노했다. 이미 과도한 세금을 내는데, 추가 증세는 받아들일 수 없었다. 나라에 돈이 필요하면 정부 지출부터 줄여야 한다는 것이다. 케냐는 젊은 나라다. 인구가 5600만 명인데, 80퍼센트가 35세 미만이다. 즉 4500만 명이 Z세대라는 얘기다. 인터넷 보급률은 87퍼센트다. 모바일 인터넷 가입자는 4370만 명이다. 케냐 Z세대는 디지털로 시위를 조직했다.

소셜 미디어

2011년 아랍의 봄은 트위터 혁명이었다. 이번 케냐 시위 역시 소셜 미디어가 이끌었다. 주역은 틱톡과 X였다. Z세대 키보드 워리어들은 소셜 미디어에 다양한 케냐 부족 언어로 증세 법안을 설명하는 영상을 올렸다. 공유하기 좋은 이미지와 노래도 만들어서 올렸다. 게시물마다 의회를 점거하자거나 증세 법안을 철폐하라는 뜻의 해시태그를 붙여 화력을 모았다. #OccupyParliament #RejectFinanceBill2024

AI

소셜 미디어에 올라온 이미지, 노래, 영상을 제작할 때는 AI가 사용됐다. AI는 증세 법안 시민 교육에도 활용됐다. 한 개발자는 사용자가 증세 법안에 대해 무엇이든 묻고 답변을 받을 수 있는 GPT 모델을 만들었다. 법안의 상세 내용을 소개하고, 이 법안이 통과될 경우 내 급여에서 세금이 얼마나 더 빠져나가는지 등을 알려 준다.

75

웹사이트

증세 법안은 케냐 의회에서 찬성 195표, 반대 106표, 무효 3표로 가결됐다. 시위 활동가들은 증세 법안을 지지한 정치인들을 웹사이트로 저격했다. 사이트 이름은 '수치의 벽(Wall of Shame)'이다. 정치인의 이름, 소셜 미디어 계정, 사무실 전화번호를 나열하고, 그 정치인과 관련이 있는 사업체 이름까지 열거했다. 불매 운동을 하자는 얘기다.

모바일 송금

이번 시위는 디지털로 시작되고 조직됐지만, 디지털에 그치지 않았다. 크라우드 펀딩을 통해 디지털 시위를 물리적 광장으로 옮겼다. 수도 나이로비 외곽에서 도심 상업 지구로 이동해 시위를 하려면 교통비가 들어간다. 시위 지지자들은 모바일 송금으로 시위대에 돈을 보냈다. 케냐는 스마트폰이 도입되기도 전에 이미 세계 최초로 모바일 송금 서비스를 시작한 나라다.

해킹

급기야 전 세계에서 활동하는 해커들의 집단 '어나니머스(Anonymous)'까지 등장했다. 어나니머스는 공식 X 계정에 1분 17초짜리 영상을 게시했다. 케냐 시위와 경찰의 강경 진압 소식을 들었다면서, 정치인들에게 해커들이 곧 봉기할 것이라고 알렸다. 케냐 정치인을 향해 "여러분의 모든 비밀이 폭로되어 당신이 얼마나 부패하고 불의한지 보여 줄 수 있다"고 경고했다.

IT MATTERS

그동안 디지털 액티비즘은 현실을 바꾸지 못하고 온라인에서만 치열하게 댓글 배틀을 벌이는 '게으른' 정치 참여 정도로 여겨졌다. 그러나 이번 시위는 디지털에서 시작해 물리적 광장으로 나아갔다. 케냐 시민 사회와 정치는 시위 이전과 이후로 나뉠 것이다. 케냐에는 43개의 부족이 존재한다. 각자 정당이 있어 정치 이슈가 부족을 중심으로 움직인다. 이번에는 달랐다. 민족 중심에서 이슈 중심으로 의제가 이동했다.

피처

단편 소설처럼 잘 읽히는 피처 라이팅을 소개한다. 기사 한 편이 단편 소설 분량이다. 깊이 있는 정보 습득이 가능하다. 내러티브가 풍성해 읽는 재미가 있다. 정치와 경제부터 패션과 테크까지 고유한 관점과 통찰을 전달한다.

에어컨의 덫

에어컨 보급은 소비자의 선택이 아니라 건설업계와 전력
회사들의 사업 전략에 따른 결과였다. 건설업계는 에어컨을
활용해 지역마다 다른 기후 특성에 무관하게 똑같은 건축물을
찍어 낼 수 있었다. 전력 회사들은 냉장고의 15배에 달하는
전력을 소비하는 에어컨을 보급하면서 사업을 확장했다.
문제는 에어컨이 뿜어내는 배기가스가 지구 온난화의 원인
중 하나라는 것이다. 세계는 폭염의 해법으로 에어컨을
선택하고, 에어컨 사용으로 더 더운 환경에 노출되는
악순환에 빠져 있다. 에어컨의 효율을 높이는 신기술도
개발되고 있지만, 단기간에 전 세계적으로 확산되지 않는다면
효과는 미미하다. 가장 현실적인 방법은 에어컨 사용을
줄이는 습관의 개선, 정책의 변화다.

저자 스티븐 부라니(Stephen Buranyi)는 영국의 작가이며
면역학 분야의 전 연구원이다. 역자 서현주는 한양대학교
사회학과를 졸업하고 HENKEL과 VISA의 한국 법인에서
근무했다. 현재는 방송 분야에서 프리랜서로 활동 중이다.

이 덫에서 벗어날 방법은 없을까?

무더운 7월의 목요일 저녁, 뉴욕 전역의 사람들은 올해 가장
더운 주말이 될 것이라는 기상학자들의 예측에 대비하고
있었다. 지난 20년 동안, 뉴욕의 전력 사용량 최고 기록은 폭염
기간에 발생했다. 수백만 명의 사람들이 동시에 에어컨을
켰기 때문이다. 1000만 명 이상의 뉴욕 시민들에게 전기를
공급하는 회사 콘 에디슨(Con Edison)이 미드타운의 본사
19층 회의실에 비상 지휘 센터를 설치한 이유다.
80명에 가까운 기술자와 회사 임원들이 참석한 회의에는
뉴욕시 비상 관리 부서 관계자들도 있었다. 이들은 도시
전력망의 상태를 모니터링하고 지상팀을 지휘하며 각
자치구의 전기 사용량이 표시되는 눈금판을 지켜보았다.
"《스타 트렉(Star Trek)》의 함교와 비슷한 풍경이었습니다."
이 회사의 전직 시스템 운영자였던 앤서니 수오조(Anthony
Suozzo)가 나에게 말했다. "모두가 준비되어 있었고,
스코티(Scotty·스코틀랜드 남자를 부르는 흔한 별명)에게는
수리를 지시했죠. 시스템은 최대치로 돌아가고 있었습니다."
전력망의 규모는 한 번에 통과할 수 있는 전기의 양으로
측정된다. 뉴욕시와 웨스트체스터 카운티를 가로지르는

62개의 변전소와 13만 마일(20만 9214킬로미터) 이상의 송전선 및 케이블을 갖춘 콘 에디슨의 전력망은 매초 1만 3400메가와트의 전기를 보낼 수 있다. 대략 1800만 마력에 해당하는 규모다.

평상시 뉴욕시의 전기 사용량은 1만 메가와트가량이다. 폭염 기간에는 1만 3000메가와트를 초과하기도 한다. "계산을 해보세요. 둘 사이의 차이가 얼마든 그건 냉방 때문에 발생한 겁니다." 콘 에디슨의 대변인 마이클 클렌데닌(Michael Clendenin)의 말이다. 극도로 높은 기온과 폭증하는 전력 수요의 조합은 일부 시스템의 과열 및 고장으로 이어지고 정전을 일으킬 수 있다. 2006년 전력 장비의 고장으로 뉴욕 퀸스(Queens) 지역의 주민 17만 5000명이 일주일간 정전 상태로 생활했다. 40명이 사망한 폭염이 지역을 휩쓸었을 때였다.

2019년 7월 20~21일 콘 에디슨은 뉴욕의 브루클린과 퀸스의 고객 5만 명에게 공급되는 전력을 24시간 동안 차단했다. 36도가 넘는 기온 속에 초당 1만 2000메가와트를 넘는 전력 수요로 뉴욕의 송전망이 붕괴될 위기에 처했기 때문이었다. 송전망이 붕괴되면 수십만 명의 사람들이 며칠간 전력을 사용할 수 없게 된다. 주 정부는 주민 지원을 위해 경찰을 파견했고, 콘 에디슨 직원들은 냉방에 활용할 수 있는 드라이아이스를 나눠 줬다.

세계가 더워질수록 이런 일들은 점점 더 많이 발생할 것이다. 에어컨 구입은 더위에 대응하는 가장 쉬운 방법일 것이다. 그리고 에어컨은 유난히 전력 소모가 많은 가전제품이다. 방 하나를 시원하게 만드는 소형 에어컨은 4개의 냉장고를 가동하는 것보다 더 많은 전력을 소비한다. 평균적인 집 한 채를 냉방할 수 있는 에어컨은 냉장고 15개 이상의 전력을 소비한다. 국제에너지기구(IEA)의 존 둘락(John Dulac) 애널리스트는 "지난해 베이징에 폭염이 발생했을 때, 전력 용량의 50퍼센트가 냉방에 쓰였다"면서 "이럴 때 당황스런 일이 생길 수 있다"고 말했다.

현재 전 세계에 10억 개가 넘는 싱글 룸 에어컨이 있다. 일곱 명당 한 대꼴이다. 많은 보고서들은 2050년까지 에어컨의 수가 45억 대를 넘어설 것으로 예상하고 있다. 에어컨이 휴대 전화만큼이나 흔해지는 것이다. 미국은 이미 매년 영국의 전체 전기 사용량에 맞먹는 수준의 전기를 에어컨에 사용하고 있다. IEA는 전 세계 국가들이 미국과 비슷한 상황이 되면서 에어컨에 전 세계 전력의 약 13퍼센트를 사용하게 될 것이라고 예상한다. 에어컨은 현재 세계 3위의 탄소 배출국

인도와 같은 수준인 연간 20억 톤의 이산화탄소를 내뿜을
것이다.

이 모든 보고서들은 이 순환 고리의 끔찍한 아이러니에
주목한다. 더워질수록 더 많은 에어컨을 만들고, 에어컨이
많아질수록 온도는 더 올라간다. 에어컨에 의해 야기되는
문제는 우리가 기후 위기에 대응하면서 직면하게 되는 문제와
유사하다. 우리가 가장 쉽게 접근할 수 있는 해결책은 결국
우리를 근원적인 문제에 더 가까이 묶어 둘 뿐이다.

전 세계를 지배하는 에어컨 사용은 불가피한 일이 아니었다.
1990년만 해도 전 세계에 에어컨은 약 4억 대에 불과했는데,
대부분 미국에 있었다. 당초 산업용으로 만들어진 에어컨은
현대성과 편리함의 상징이 되면서 생활의 필수품으로 자리
잡았다. 그리고 세계화되었다. 오늘날 우리는 기후 위기의
다른 원인들과 마찬가지로 에어컨 문제를 해결하기 위한
방법을 찾고 있다. 그리고 우리가 어쩌다 우리를 집어삼키는
기술에 이렇게까지 밀접하게 얽매이게 되었는지를 고민하고
있다.

집을 짓는 사람들에게 에어컨은 신의 선물이었다

수도관이나 자동차처럼 에어컨은 세상을 변화시킨
기술이다. 리콴유(李光耀) 싱가포르 초대 총리는 에어컨을
"역사적으로 귀중한 발명품 중 하나"라고 했다. 열대 기후인
싱가포르의 급속한 현대화를 가능케 해준 기술이라는
이유에서다. 1998년 미국의 학자인 리처드 네이선(Richard
Nathan)은 《뉴욕타임스》 인터뷰에서 에어컨이 "민권 혁명"과
더불어 미국의 인구 구조와 정치를 변화시킨 가장 중요한
요인이 되었다고 지적했다. 에어컨으로 인해 날씨는 덥고
정치적으로는 보수적인 미국 남부에서 광범위한 택지 개발을
할 수 있었기 때문이다.

한 세기 전만 해도 현재와 같은 상황을 예견한 사람은 거의
없었다. 도입 초기의 50년 동안 냉방 설비는 주로 공장과 일부
공공장소에 제한적으로 공급되는 시스템이었다. 에어컨은
1902년 브루클린의 인쇄 공장에서 습도 저감 문제를
담당했던 난방·환기 장치 기업의 미국인 엔지니어 윌리스
캐리어(Willis Carrier)가 최초로 발명했다. 오늘날 우리는
에어컨의 목적이 더위를 해소하는 것이라고 생각하지만, 당시
엔지니어들은 온도에만 관심이 있었던 것은 아니었다. 그들은

산업 생산을 위해 가능한 한 가장 안정적인 조건을 만들어
내고자 했다. 인쇄 공장에서는 습도가 종이를 감기게 하고
잉크를 번지게 하는 문제가 있었다.

캐리어는 공장의 공기에서 열을 제거하면 습도가 낮아진다는
것을 깨달았다. 그래서 초기의 냉장고에서 기술을 빌려
확장된 냉장고 형태를 만들었다. 에어컨은 지금처럼 따뜻한
공기를 들이마시고 차가운 표면을 지나면서 시원하고 건조한
공기를 내뿜는 방식으로 작동했다. 이 발명은 섬유, 군수품
및 제약 공장 등 다양한 산업 분야에서 즉각적인 성공을
거뒀고, 이후 다른 영역에서도 인기를 끌기 시작했다. 하원
의회는 1928년에 에어컨을 설치했고, 1929년에는 백악관과
상원이 뒤를 이었다. 그 사이 대부분의 미국인들은 극장이나
백화점과 같은 장소에서만 에어컨을 접했다. 에어컨은 기쁨을
주는 신기한 물건으로 인식되었다.

1940년대 후반, 에어컨이 일반 가정에 들어오면서 미국을
정복했다. 사학자 게일 쿠퍼(Gail Cooper)에 따르면,
업계는 에어컨을 사치품이 아닌 필수품으로 인식시키기
위해 고군분투했다. 에어컨 업계 초기에 대해 명확하게
설명하고 있는 책《에어컨디셔닝 아메리카(Air-Conditioning
America)》에서 쿠퍼는 당시의 잡지들이 에어컨을

실패작으로 묘사했다고 지적한다. 《포천(Fortune)》은
에어컨을 "1930년대의 가장 큰 대중적 실망"이라고 지칭했다.
1938년까지 미국에서 400가구당 1가구만 에어컨을 보유하고
있었다. 오늘날 에어컨 보유 비율은 열 가구 중 아홉 가구에
가깝다.

에어컨이 늘어난 이유는 소비자 수요의 폭증이 아니라,
전후 주택 건설 붐을 배경으로 한 산업의 동향이었다.
1946~1965년 미국에서 3100만 채의 새로운 주택이
건설되었다. 집을 짓는 사람들에게 에어컨은 신의
선물이었다. 건축가와 건설 회사들은 더 이상 지역의 기후를
크게 걱정할 필요가 없었다. 이제는 남부 뉴멕시코에서도
북부 델라웨어와 같은 스타일의 집을 팔 수 있었다. 미국
건축학회가 1973년에 발표한 연구대로 "더 많은 에어컨의
맹목적인 적용으로" 무더운 기후, 값싼 건축 재료, 허술한
디자인 또는 열악한 도시 계획으로 야기된 어떤 더위라도
극복할 수 있다는 것이 지배적인 사고방식이었다. 쿠퍼는
"건축가, 건설업자, 은행가들이 에어컨을 먼저 수용했고,
소비자들은 단순히 허락만 하면 되는 기정사실로 받아들여야
했다"고 말한다.

에어컨 증가에 필수적인 또 다른 요소는 발전소를 운영하고

소비자에게 전기를 판매하는 회사들의 전기 설비였다. 전력 회사는 모든 신규 주택이 전력망에 연결될 때마다 이익을 얻는다. 그들은 20세기 초 내내 새로운 고객들이 집에서 더 많은 전기를 사용하게 만들 방법을 찾고 있었다. 이 프로세스는 한 번에 사용하는 전기의 양을 의미하는 산업 용어(load)를 따서 '건물 부하(load building)'로 불린다. 버지니아 공대의 기술 역사학자 리처드 허쉬(Richard Hirsh)는 이렇게 말한다. "전기 요금은 저렴했지만, 전력 회사들의 불만은 없었다. 단순히 전력 소비를 늘리고, 더 많은 고객들이 전기를 쓰도록 독려하는 것만으로도 새 발전소를 지속적으로 늘릴 수 있었기 때문이다."

윌리스 캐리어가 1939년 뉴욕 세계 박람회에서 에어컨을 소개하고 있다.
사진: Bettmann Archive

전력 회사는 에어컨이 심각한 수준의 부하를 발생시킨다는 것을 금세 인식했다. 일찍이 1935년에 현재의 콘 에디슨의 전신인 커먼웰스 에디슨(Commonwealth Edison)은 연말 보고서에서 에어컨의 전력 수요가 연간 50퍼센트 증가했다면서 "미래에 대한 상당한 가능성을 제시했다"고 언급했다. 같은 해, 산업 무역 잡지인 《일렉트릭 라이트 앤 파워(Electric Light & Power)》는 대도시의 전력 회사들이 "현재 에어컨 보급을 촉진시키고 있다"면서 "회사의 이익을 위해서 모든 전력 회사들이 매우 적극적일 수밖에 없다"고 전했다.

1950년대에는 바로 그 미래가 왔다. 전력 회사는 에어컨을 홍보하는 인쇄, 라디오, 영화 광고를 했다. 에어컨을 설치하는 건설 회사에 자금을 지원하고 할인 혜택을 제공했다. 1957년 커먼웰스 에디슨은 처음으로 난방 기기를 작동시키는 겨울이 아닌, 에어컨을 켜는 여름에 전력 사용량 최대치를 기록했다고 발표했다. 1970년까지 미국 주택의 35퍼센트가 에어컨을 사용했는데, 이는 불과 30년 전의 200배가 넘는 수치였다.

동시에 미국 전역에는 에어컨이 탑재되어야 할 상업용 건물들이 잇따라 생겨나고 있었다. 햇빛 반사력이 약하고,

환기 기능이 부족해서 전력 소비의 절반 이상을 냉방에 써야 하는 통유리 고층 건물이 대세가 되었다. 1950~1970년 상업용 건물의 평방피트당 평균 전기 사용량은 두 배 이상 증가했다. 1974년에 완공된 뉴욕의 세계 무역 센터(World Trade Center)에는 9개의 거대한 엔진과 270킬로미터가 넘는 냉난방용 배관을 갖춘, 당시로서는 세계에서 가장 큰 에어컨이 설치됐다. 당시 논평가들은 세계 무역 센터가 매일 인구 8만 명의 인근 도시 스키넥터디(Schenectady) 전체와 같은 양의 전기를 사용한다고 지적했다.

에어컨 업계, 건설 회사, 전력 회사는 모두 전후 미국 자본주의의 물결을 타고 있었다. 그들은 이익을 추구하면서 에어컨을 미국 생활의 필수적인 요소로 만들었다. 에어컨 회사의 한 임원은 1968년 《타임》에 "우리 아이들은 냉방 문화에서 자란다"며 "그들이 에어컨이 없는 집에서 살기를 기대할 수는 없다"고 말했다. 시간이 지나면서 대중은 에어컨이 좋다는 것을 깨달았고, 사용량은 계속 증가했다. 2009년에는 미국의 에어컨 사용 가구가 전체의 87퍼센트에 달했다.

전후의 건설 붐은 이 모든 새로운 건물들이 엄청난 양의 전력을 소비할 것이지만, 이로 인해 미래에 심각한

문제가 야기되지는 않을 것이라는 생각을 바탕으로
하고 있다. 1992년 학술지《에너지 앤드 빌딩스(Energy
and Buildings)》는 미국인의 에어컨 중독이 엄청난
타락의 상징이라고 주장하는 영국의 보수주의 학자 그윈
프린스(Gwyn Prins)의 논문을 실었다. 프린스는 미국을
지배하는 신조를 다음과 같이 요약했다. "우리는 시원할
것이다. 우리의 접시는 가득 찰 것이고. 가스는 갤런당
1달러가 될 것이다. 아멘."

삶을 개선하는 간단한 선택지

에어컨은 미국의 도시를 재편했지만, 다른 지역에는 거의
영향을 미치지 못했다. (얼리 어답터였던 일본, 호주,
싱가포르 등 일부 예외를 제외하면 그렇다.) 그러나 이제
에어컨은 마침내 전 세계를 휩쓸고 있다. 미국 전역에 걸친
에어컨의 발달이 전후의 건설과 소비 붐에 따른 것이었다면,
최근의 확산은 세계화의 과정을 따르고 있다. 다른 나라들이
미국화된 건축 방식과 생활 방식을 채택하면서 에어컨도
받아들인 것이다.
1990년대에 아시아 전역의 많은 국가들이 외국에 투자를

개방하고 전례 없는 도시 건설에 착수했다. 지난 30년 동안, 인도에서는 약 2억 명의 사람들이 도시로 이주했다. 중국에서는 그 수가 5억 명 이상이다. 뉴델리에서 상하이에 이르기까지 에어컨이 완비된 오피스 건물, 호텔, 쇼핑몰이 속속 생겨나기 시작했다. 이 건물들은 뉴욕이나 런던의 건물과 구별할 수 없을 정도로 비슷했다. 실제로 같은 건축가와 건설업자들이 만든 건물도 많았다. 에너지 절감 디자인을 바탕으로 한 주거 공간 설계에 집중하는 인도 건축가 아쇼크 랄(Ashok Lall)은 "고급 건물을 짓기 위해 전 세계에서 돈이 들어올 때, 미국이나 유럽의 디자이너나 자문 회사가 따라오는 경우가 많다"며 "그리고 그들은 에어컨과 패키지로 온다. 사람들은 그것이 진보를 의미한다고 생각했다"고 말했다.

건축의 규모가 커지고 속도가 빨라지면서 온도를 낮추는 전통적인 건축 기술들은 폐기되었다. 호주 시드니 공과대학의 인도인 건축학 교수인 리나 토머스(Leena Thomas)는 나에게 1990년대 초반 델리에서 창문 방충망이나 건물 입구의 외벽, 브리즈솔레이유(brise-soleils·햇볕을 가리기 위해 건물의 창에 댄 차양)를 통해 열기에 대응했던 오랜 건축 디자인 형태가 미국이나 유럽식으로 서서히 바뀌었다고 말했다. 그녀는 "나는 이 국제적인 양식이 책임져야 할 문제가 많다고 생각한다"고 지적했다. 20세기의 미국처럼, 그러나 훨씬 더 큰 규모로, 에어컨을 필수 불가결하게 만드는 방식의 집과 사무실은 더 많이 건설되고 있다. 인도 아마다바드(Ahmedabad) 셉트대학교의 건축 및 도시 계획 전공 교수인 라잔 라왈(Rajan Rawal)은 "개발자들은 생각 없이 건물을 짓고 있었다"며 "공사 속도를 맞추라는 압박을 받았고, 그래서 그들은 단순히 일단 짓고 나중에 기술로 문제를 바로잡으려 했다"고 말했다.

랄은 저렴한 주택도 신중하게 설계하면 에어컨의 사용을 줄일 수 있다고 말한다. 그는 "열린 공간의 크기, 벽면의 면적, 내열 설계, 그늘, 방향으로 균형을 맞추면 된다"고 강조하면서, 부동산 개발 업자들은 보통 이런 문제에 관심이 없다고 말한다. "적정한 규모의 옥상 그늘이나 단열재 같은 작은 부분도 저항을 받습니다. 건설업자들은 이런 요소에서 어떤 가치도 느끼지 못하는 것 같아요. 그들은 서로 붙어 있는 10~20층짜리 건물을 지으려고 합니다. 이것이 바로 지금 비즈니스가 작동하는 방식이고, 도시가 요구하고 있는 건축입니다. 모두 투기와 땅값 때문에 벌어지는 일입니다."

이러한 에어컨에 대한 의존은 중국 미술 평론가 호우

한루(Hou Hanru)가 '탈계획의 시대(epoch of post-planning)'라고 지칭하는 흐름과 맞물린 하나의 현상이다. 오늘날 우리가 전통적으로 생각해 왔던 중앙 집중화되고, 체계적이며 발전적인 개발 계획은 거의 모두 사라졌다. 시장은 놀라운 속도로 개발을 지시하고 할당하며, 실제 거주자들이 살아가는 데 필요한 조건들은 나중에 단편적인 방식으로 제공한다. 필리핀에서 에어컨의 사용을 연구하는 사회학자 말린 사하키안(Marlyne Sahakian)은 "거대한 타워들은 올라가고 있고, 그것은 이미 에어컨의 필요성이 건물 내부에 고착화된다는 의미"라고 말한다.

말레이시아의 영향력 있는 건축가 켄 양(Ken Yeang)은 최근 런던에서 나와 함께 커피를 마시면서, 화석 연료에 의존하여 환경을 통제하는 건축가와 건설업자로 인해 그렇지 않은 한 세대가 완전히 사라져 버린 것을 한탄했다. 그는 "건물들은 이미 많은 피해를 일으켰고, 내 세대에서는 완전히 희망을 잃어버렸다"면서 "아마도 다음 세대에나 구조 작업을 계획할 수 있을 것"이라고 우려했다.

에어컨 지지자들에게 에어컨은 소비자의 경제적 계층이 상승하면서 삶을 개선하는 간단한 선택지로 인식된다. 일본의 거대한 에어컨 제조 회사인 다이킨(Daikin)의 인도 지사

임원은 지난해 AP통신과의 인터뷰에서 "에어컨은 더 이상 사치품이 아니라 필수품이며 모든 사람은 에어컨을 가질 자격이 있다"고 말했다.

70년 전 미국에서 벌어진 일들이 지금 인도 라자스탄(Rajasthan)에서 반복되고 있다. 일단 사람들의 삶에 에어컨이 자리 잡으면, 그들은 에어컨을 계속 쓰기를 원한다. 이런 현상은 소비자의 선택이 통제 불가능한 힘에 의해 만들어지고 있다는 사실을 모호하게 만든다. 메리 매카시(Mary McCarthy)는 1967년 출간한 책 《베트남(Vietnam)》에서 미국에서 생활할 때 경험한 선택의 미묘한 제약을 되돌아보며 이렇게 회상했다. "미국 호텔 객실에서 당신은 에어컨을 켤지 말지 결정할 수 있지만, 창문을 열 수는 없다."

기술은 기후 변화에 대한 최선의 대응책인가?

현대 도시를 전면적으로 정비하지 않으면서 에어컨이 발생시키는 문제를 해결하는 방법은 더 나은 에어컨을 만드는 것이다. 개선의 여지는 충분하다. 에어컨의 발명은 최초의 비행기, 라디오 방송보다 앞섰다. 그러나 에어컨의 기반 기술은 1902년 이후 크게 변하지 않았다. 건축 서비스 연구 정보 협회의 기술 이사 콜린 굿윈(Colin Goodwin)은 "에어컨의 모든 것은 여전히 냉장고와 동일한 증기 압축 냉동 회로를 기반으로 하는데, 이는 100년 전과 사실상 동일한 과정"이라면서 "에어컨 구매력은 엄청나게 확대됐지만, 효율성 측면에서는 일부 개선되었을 뿐 도약하지는 못했다"고 지적한다.

더 효율적인 에어컨을 만들 수 있도록 엔지니어들을 독려하는 한 가지 방법이 있다. 지난해 미국의 에너지 정책 싱크탱크인 로키 마운틴 인스티튜트(Rocky Mountain Institute·RMI)는 세계 냉각상(Global Cooling prize)을 신설하고 300만 달러(35억 5800만 원)의 상금을 내걸었다. 목표는 기존의 표준 모델보다 5배 이상 효율이 높으면서도 생산 비용은 2배 이상 투입되지 않는 에어컨 설계다. 유엔 환경 프로그램과 인도 정부의 지지를 받고 있는 이 시상식은 개인 발명가부터 저명한 대학, 수십억 달러 규모의 거대 가전업체의 연구팀들로부터 100개 이상의 출품작을 받았다.

그러나 기후 변화에 대한 기술적 대응책과 마찬가지로, 효율적인 에어컨의 등장이 세계 배기가스 배출량을 현저히 감소시킬지는 확실하지 않다. RMI에 따르면, 혁신적인 에어컨으로 전 세계의 탄소 배출량 상승을 억제하기 위해서는 수상작인 효율 높은 에어컨이 늦어도 2022년에는 판매되기 시작해야 하고, 2030년까지는 시장의 80퍼센트를 점유해야 한다. 다시 말해, 이 신제품은 10년 안에 경쟁 상품들을 거의 완전히 대체해야 하는 것이다. 정부 간 기후 변화 협의체(IPCC)의 차기 보고서 집필을 이끌고 있는 벤자민 소바쿨(Benjamin Sovacool) 서섹스 대학 에너지 정책 교수는 이 목표가 불가능하지는 않지만 가능성은 거의 없다고 설명한다.

"우리는 기술이 우리를 살린다는 생각을 믿고 싶어 합니다. 그 단순함은 우리에게 위로가 되죠." 소바쿨의 말이다. 기술로 기후 변화에 대응해야 한다는 생각은 실제로 큰 위안이다. 심지어 기술 발명과 구현으로 문제를 해결하는 것이 가능한 기간은 너무 짧아서 믿기 어려운 수준인데도 불구하고, 우리는 기술을 기후 변화에 대한 첫 번째이자 최선의 대응책으로 논의해 왔다.

중앙 유럽 대학의 기후 변화 및 에너지 정책 교수이자 곧 발표될 IPCC 보고서의 주요 저자인 다이애나 우르지 보르사츠(Diana Ürge-Vorsatz)는 새로운 에어컨 기술은 환영받을 것이지만, 에어컨의 배기가스를 줄이는 것은 아마도

"우리가 해야 할 네 번째 혹은 다섯 번째 일일 것"이라고
말한다. 그녀가 언급하는 더 높은 우선순위의 임무로는
나무 심기, 낡은 건물에 적절한 환기 장치 설치하기, 더 이상
'폭염을 견디지 못하는 콘크리트와 유리로 된 우리(cage)'를
짓지 않는 것이다. 그녀는 "이 모든 것들은 장기적으로 봤을 때
비용까지 절감할 수 있는 방법"이라고 덧붙인다.
이러한 전략은 기술적으로는 더 저렴하다. 그러나 우리의
행동과 주요 정책이 달라져야 한다. 기후 위기와 관련한
공공연한 비밀은 그 누구도 이 심각한 위기를 해결하기 위해
필요한 체계적이고 전 세계적인 변화를 어떻게 일으킬 수
있는지 모른다는 것이다.

악의적 욕망의 증거

만약 기술이 당장 우리를 구원하지 못한다면, 전 세계의 정책
변화가 멀리에 있는 희망처럼 보인다면, 우리가 할 수 있는
아주 간단한 방법이 하나 있다. 바로 에어컨 사용을 줄이는
것이다. 그러나 생태 경제학자이자 IPCC 보고서의 저자인
줄리아 스타인버거(Julia Steinberger)가 쓴 것처럼 운전,
비행, 아보카도 수입을 줄이는 것처럼 우리의 생활 방식을

바꿔야 하는 진지한 제안들은 "사회적으로 받아들일 수 없고, 이단적이며, 거의 미친 짓"으로 간주된다. 에어컨의 경우에는 더 그렇다. 에어컨 사용을 줄이라는 요구는 사람들이 폭염 속에서 죽어야 한다는 제안으로 오해받거나, 부유한 나라의 시민들이 이미 누리고 있는 안락함을 다른 나라 사람들에게는 허락하지 않는 악의적 욕망의 증거로 취급당한다.

올여름 《뉴욕타임스》에 게재된 기사 '미국인은 에어컨이 필요한가'는 수천 건의 격노한 소셜 미디어 게시물을 촉발시켰다. 그중에는 유명 인사들도 있었다. 페미니스트 작가이자 평론가인 록산 게이(Roxane Gay)는 "그러는 너도 에어컨 없이 플로리다에서 여름을 보내지 않을 거잖아. 정신 차려"라고 썼다. 보수 성향의 교수이자 전문가인 톰 니콜스(Tom Nichols)는 "에어컨은 우리가 동굴을 떠난 이유"라면서 "당신은 내 손이 꽁꽁 얼었을 때에나 나에게서 에어컨을 빼앗아 갈 수 있을 것"이라고 반응했다.

이런 반발에도 불구하고 우리가 에어컨에 대한 지나친 의존을 줄일 수 있음을 입증하는 합리적인 사례는 존재한다. 이상적인 실내 온도로 알려진 기준은 오랫동안 에어컨 기술자들이 결정해 왔다. 거의 모든 인간이 항상 같은 온도 범위를 원한다는 생각을 바탕으로 만들어진 것이다. 그

기저에는 안락함은 객관적으로 판단할 수 있다는 생각이 깔려 있다. 자카르타에 있는 건물이 보스턴의 건물과 동일한 온도여야 한다는 것이다. 리나 토머스는 이런 기준에 따라 에어컨이 가동되는 대부분의 건물은 온도를 "20도에서 1도 내려가거나 올라가는 수준"으로 유지하게 된다고 말한다. 그러나 모두가 객관적으로 '적당한' 온도가 존재한다는 생각을 받아들인 것은 아니다. 연구에 따르면 남성에게 이상적인 온도는 여성과는 다르다. 2015년 《텔레그래프(Telegraph)》는 세계 곳곳의 사무실에서 "남성이 원하는 온도에서 열심히 일하고 있을 때, 여성은 추위에 떨고 있다"고 지적했다. 수백만 명의 여성들이 이미 알고 있는 사실을 과학적 연구로 확인해 주는 결과는 이외에도 많다.

홍콩 건물의 에어컨 실외기들. 사진: Andrew Aitchison/ Getty Images

더운 지역에 사는 사람들은 매우 짧은 시간이기는 하지만
높은 실내 온도에 있을 때 안락함을 느낀다는 연구 결과도
있다. 연구자들은 그것이 마음의 상태이건 생물학적 적응이건
인간의 안락함은 객관적인 것이 아니라 적응의 산물이라고
주장한다. 더운 나라에서 살고 있는 많은 사람들에게 이러한
시각은 명백한 사실인 것 같다. 내가 최근 참석한 런던의
에어컨 관련 콘퍼런스에서 인도인 대표 한 사람은 "내가
30도에서 일하고 직무를 수행할 수 있다면 당신들도 할 수
있다. 나를 믿고, 당신을 믿으라"고 참석자들을 꾸짖었다.
'이상적인' 온도라는 발상을 반박하는 이런 주장을
뒷받침하는 연구 결과는 또 있다. 심리학자이자 미국 난방
냉동 공조 학회의 회원인 프레드릭 롤스(Frederick Rohles)는
시원한 실내에서 실제 온도보다 높은 온도를 표시한 가짜
온도계를 보여 주면 피실험자들이 덥다고 느낀다는 연구
결과를 내놨다. 롤스는 2007년 이렇게 썼다. "이런 결과는
기술자 동료들을 미치게 만들 것이다. 안락함은 마음의
상태야!"
아쇼크 랄은 사람들이 일단 건물의 온도가 변할 수 있다는
생각을 갖게 되면 에어컨을 첫 번째 단계가 아닌 마지막
수단으로 사용하는 주택을 지을 수 있다고 지적한다. 그는

"그러나 이를 뒷받침하는 광범위한 문화나 규정은 없다"고
말했다. 현재 권력을 쥐고 있는 진영은 결정론자들이다.
그들의 관점은 전 세계의 건축 법규와 기준에 계속해서
반영되고 있다.

아무도 이후에 벌어질 일을 알지 못했다

그렇다면 우리는 어떻게 냉방의 덫에서 벗어날 수 있을까?
우리가 최악의 기후 위기 영향을 피하기 위한 해법의
양극단에 기술과 습관을 놓고 연속선을 그린다면, 에어컨은
아마도 중간쯤의 어딘가에 위치할 것이다. 일주일에 다섯 번
고기를 먹는 습관을 줄이기보다는 더 어렵고, 화석 연료를
사용하는 자동차를 없애는 것보다는 더 쉬운 정도라고 할 수
있다.

영국에 본사를 둔 기후 정치 자문 회사 E3G를 운영하는 전직
고위 공무원 닉 매비(Nick Mabey)에 따르면, 에어컨 문제는
대부분의 정부에서 주목을 받지 못하고 있다. 사회에 깊이
뿌리내린 채로 지구 온난화를 가속화하고 있는 대부분의
소비재와 마찬가지로 말이다. 하향식 규제로 성공한 전례는
거의 없다. 그는 "이 일을 처리하는 부서도 없고, 당신이 가서

이야기할 만한 에어컨 관련 담당자도 없다"고 지적한다.
매비는 통제할 수 있는 장소를 찾아 거기서부터 밀고
나가는 것이 핵심이라고 말한다. 그는 전 세계에서 판매되는
모든 에어컨의 효율을 향상시켜 배기가스를 줄이는 것을
목표로 하는 UN 프로그램을 지원하고 있다. 이 프로그램은
에어컨에 붙어 있는 촌스러운 소비자 기준표와 관련이
있다. 현재 시중의 평균적인 에어컨은 사용 가능한 최고의
장치와 비교하면 절반 정도의 효율성을 갖고 있다. 그 격차를
조금이라도 좁히면 미래의 배출량을 크게 줄일 수 있을
것이다.

지역 차원에서는 약간의 진전이 이루어지고 있다. 최근
뉴욕 시의회는 2030년까지 도시의 모든 대형 건물들이 전체
탄소 배출량을 40퍼센트 줄이고, 2050년에는 80퍼센트
줄이는 것을 목표로 하는 영향력 있는 법안을 통과시켰다.
법안은 위반 시 무거운 벌금을 부과하는 내용을 포함하고
있다. 법안을 주도한 코스타 콘스탄티니데스(Costa
Constantinides) 시의원은 "모든 도시에서 의무화한 탄소
배출량 규제 중 가장 큰 규모"라고 말한다. 로스앤젤레스
시장실은 2050년까지 모든 건물의 탄소 배출량을 '제로'로
만들기 위한 비슷한 계획을 준비하고 있다.

다른 도시들은 훨씬 더 직접적인 조치를 취하고 있다.

미국의 여러 지역보다 따뜻한 지역인 스위스 제네바의 지방 정부는 1980년대부터 특별한 허가 없이는 에어컨을 설치할 수 없도록 하는 규제를 시행하고 있다. 이러한 접근 방식은 스위스 전역에서 비교적 일반화되어 있다. 그 결과, 스위스에서 에어컨은 모든 전기 사용량의 2퍼센트 미만을 차지하고 있다. 스위스 사람들이 에어컨을 그리워하는 것 같지는 않다. 스위스에서 에어컨의 부재는 거의 논의되지 않는다. 대부분의 사람들은 에어컨 없이 사는 법을 배웠다. 에어컨이 비교적 낯선 국가에서는 에어컨이 삶의 방식으로 자리 잡기 전에 대안을 찾을 수 있는 엄청난 기회가 있다. 토머스는 '서방에서 벌어진 최악의 일'을 피하는 것을 목표로 삼아야 한다고 말한다. 최근 인도 정부는 토머스, 라왈 등이 제시한 권고안을 자국의 국가 주택 건축 법규("대단히 강력한 조항"이라고 라왈은 말한다)로 채택했다. 이 법규는 인도에서 이뤄진 현장 연구를 바탕으로 인도인의 안락함 수준을 측정하고, 이를 바탕으로 실내 온도를 높일 수 있게 했다. 그리고 에어컨을 최후의 수단으로 사용하는 건물의 "보급 증대"를 강조하고 있다.

에어컨 사용을 줄이는 것은 현대성으로부터 멀어지라는

이야기가 아니다. 에어컨으로 인해 일어날 일들을 직시하라는 요구다. 켄 양은 이렇게 말한다. "과거로 돌아갈지 말지를 논하는 문제가 아니다. 예전에는 사람들이 기온에 어떻게 대처해야 하는지를 알고 있었다. 그러나 에어컨이 기온을 제어하는 방법으로 인식되면서 에어컨 없는 대처법은 관심에서 멀어졌다. 아무도 이후에 벌어질 일을 알지 못했다. 사람들은 이제 그 결과를 목도하고 있다."

인터뷰

지금 우리에게 필요한 건 롤모델이 아니라 레퍼런스다. 테크,
컬처, 경제, 정치, 사회 등 다양한 분야에서 활동하고 있는
혁신가를 인터뷰한다. 사물을 다르게 보고, 다르게 생각하고,
세상에 없던 것을 만들어 내는 사람들을 만난다. 혁신가들의
경험에서 내 삶을 변화시킬 레퍼런스를 발견한다.

미래에 접근하는 가장 도발적인 방법

기술 기업은 미래를 만든다. SF 작가는 미래를 상상한다.
기술 발전은 기업과 작가 사이 어디쯤에서 시작된다. 만드는
일은 상상하는 일로, 상상한 것은 만드는 행위로 순환한다. 이
기술 발전의 사이클을 모두 경험한 이가 있다. 바로 중국의
SF 작가 천치우판이다. 천치우판은 《웨이스트 타이드(Waste
Tide)》로 환경 재앙을, 《AI2041》로 다양한 미래에 사는
인간의 삶을 그렸다. 구체적이고 도발적인 미래를 상상하는
그에게 인공지능 시대 이후 물었다. 천치우판을 김혜림이
인터뷰하고 썼다.

IT 업계에서 근무하다 SF 작가로 커리어를 변경했다. 미래를 만드는 일에서 미래를 상상하는 일로 옮긴 이유는 무엇인가?

IT 업계의 미래 창조는 지금의 기술적 한계와 과학적 이해, 시장의 즉각적인 요구라는 제약에 묶여 있다. 이러한 현실은 때로는 기회가 될 수 있다. 하지만 한편으로는 기술 발전이 갖는 더 넓은 의미를 탐구하거나, 그러한 기술 발전이 수반하는 윤리적, 사회적, 문화적 차원을 고려하기 어렵게 만들기도 한다. 오랫동안 아마추어 작가로 활동했던 나에게 새로운 커리어는 기술 개발이라는 현실적 제약에 얽매이지 않는, 광활한 캔버스가 돼줬다. 기술의 잠재력만이 아니라 인간관계와 사회, 환경에 미치는 영향을 '만약'이라는 질문 아래 탐구할 수 있었다.

기술 전문가가 아닌 SF 작가가 미래 모습을 예상할 때의 강점이 있다면 무엇인가?

큰 강점 중 하나는 현재의 한계, 기술적 복잡성에 얽매이지 않고 자유롭게 미래를 상상할 수 있다는 점이다. 일종의

'분리'인데, 덕분에 기술이 재구성하는 인간의 경험과 사회적 변화, 철학적 질문에 대해 더 폭넓게 탐구할 수 있다. 다양한 분야를 고려해 소설을 쓰기 때문에 다학제적으로 접근할 수 있다. 이런 접근의 내러티브를 통해서 '무엇이 변화할 것인가'라는 질문뿐 아니라 '왜 변화하고, 또 어떤 대가를 치를 것인가'를 함께 물을 수 있다. 미래의 사회정치적, 문화적 토대를 살펴볼 수 있는 것이다.

SF 작가 천치우판

소설 《웨이스트 타이드(Waste Tide)》는 환경 파괴,
사회 계층, 기술의 윤리적 문제 등 현대 사회가
직면한 다양한 문제를 다루고 있다. 기술은 현재
우리가 당면한 문제를 해결할 수 있을까?

기술은 이중적이다. 현대 사회의 문제를 완화할 수도, 악화할
수도 있다. 핵심은 기술 자체가 아니라 그것을 사용하는
사람의 손이다. 《웨이스트 타이드》에서는 환경 파괴의 심각한
결과와 무분별한 기술 발전이 낳은 윤리적 딜레마를 살핀다.
기술을 만병통치약으로 바라보기보다 지속 가능한 발전을
지향하는 도구로서 바라보자는 시각이다. 기술의 이러한
잠재력은 근시안적인 경제적 이익, 편리함을 추구하는
접근으로는 실현하기 어렵다. 모든 사회 계층의 복지와
지구의 건강을 우선시하는 사고방식과 패러다임을 통해야만
할 것이다. 근본적인 시스템의 결함을 해결해야만 기술의
잠재력도 최대로 활용할 수 있다.

생성형 AI가 인간의 창의성과 예술적 표현에
미치는 영향에 관해서는 어떻게 생각하나? AI와
인간의 협업으로 새로운 형태의 예술을 만들어 낼
수 있을까? 그러한 창작물의 가치는 어떤 기준으로
평가돼야 할까?

AI와 인간의 협업은 창작 과정에 완전히 인간적이지도,
기계적이지도 않은 별개의 개체를 도입하는 일이다. 인간과
기계의 파트너십이라고 해야 할까? 이렇게 탄생한 예술은
창의성과 지적 재산권 문제 등, 기존 질서에 의문을 제기한다.
새로운 질서가 생겼으니, 기존의 질서에 대한 재고도
필요하다. 인간의 의도, 장인 정신, 독창성을 우선시하는
기존의 전통적인 예술 평가 기준이 바뀌어야 하지 않을까. AI
시대에는 혁신과 상호작용, 생각과 감정을 자극할 수 있는
능력을 평가하는 방향으로 기준을 세워야 한다.

생성형 AI는 최근 인류가 맞닥뜨린 가장 큰 기술적
충격이다. AI와 구분되는 인간의 정체성은 무엇인가?

인간은 인공지능과 달리 불완전하고 비합리적이다. 우리의

결정에는 감정이 얽혀 있다. 어떤 알고리즘도 완벽히 복제할 수 없는, 문화적이고 역사적이고 개인적인 경험이 뒤섞여 하나의 결정을 만들어 낸다. 인간의 본질은 이러한 예측 불가능성이다. 인간은 공감 능력을 토대로, 또 효율성과 논리를 넘어서는 방향으로 의미를 추구한다. 이 지점이 인간과 인공지능을 차별화한다. 모든 것이 자동화되는 시대다. 인간과 인공지능의 차이, 구분에 기반한다면 우리가 보존하고자 하는 가치에 대해 더 깊은 대화를 나눌 수 있지 않을까.

> 《AI2041》 서문에 "인간과 기계의 관계에 관한 패러다임을 세심하게 탐구하고자 했다"고 썼다. 인공지능이 고도로 발전하면 인공지능과 인간은 어떤 관계를 맺을 것이라 보나? 인공지능은 인간의 조력자일까, 동료일까, 혹은 가족과 같은 관계일까? 더 나아가 인공지능은 나 자신과 동일한 무언가가 될 수 있을까?

나는 AI와 인간의 경계가 모호해질 것이라고 보지는 않는다. 대신 기존의 비서와 동료, 가족이라는 범주를 벗어난 새로운 형태의 역동적 관계가 탄생할 것으로 생각한다. 이런 형태의 진화를 통해 AI는 인간 존재에 깊숙이 통합될 것이다. AI는 우리의 의식과 미지의 사고, 창의성의 영역으로 가는 다리 역할로서 기능하게 될 것이며, 우리의 인지적, 정신적 자아의 연장선이 될 가능성이 크다. 그렇다면 우리는 AI와 단순히 공존하는 것이 아니라 함께 진화하며 공생하는 관계가 된다. 이런 미래에서 중요한 것은 인간이 AI처럼, AI가 인간처럼 될 것인가의 문제가 아니다. 인간의 본질이 인공지능과 결합했을 때 그것이 어떤 정체성으로 발현할 것인지, 또 그를 통해 인간이라는 개념은 어떻게 확장될 것인지다.

그렇다면 인공지능은 인간의 감정을 진정으로 이해하거나 모방할 수 있을까?

문제의 핵심은 알고리즘과 신경망을 통해 그러한 모방의 가능성이 점차 더 커지고 있다는 것 자체, 또 그것이 갖는 철학적 함의다. 기술이 발전함에 따라 진정한 인간의 감정과 인공적인 감정 사이의 구분은 모호해질 것이다. 그렇다면 서로 이해하고, 연결되고, 공감한다는 것이 무엇을 의미하는가에 대한 전반적인 재고가 필요하다. 이런 변화는 단순한 커뮤니케이션 영역에만 영향을 미치는 것이 아니다. 분명 사회 구조 근간으로 스며들어 정체성과 관계, 신뢰에 대한 우리의 이해 자체를 재구성할 것이다. 이런 용감한 신세계에서 인간의 상호 작용은 본질적 물음에 직면할 것이다. 우리의 감정을 인위적으로 이해하고, 복제할 수 있는 시대에 인간이란 과연 무엇일까?

> 《AI2041》 서문에서 "인공지능을 둘러싼 온갖 디스토피아적 고정관념에 도전해야겠다고 결심했다"고 썼다. 그동안 인공지능이 포함된 미래에 사람들이 디스토피아적 고정관념을 가져 왔던 이유는 무엇이라고 생각하나?

인공지능에 대한 디스토피아적 서사는 미지의 영역과 통제할 수 없는 것에 대한 인간의 뿌리 깊은 두려움에서 비롯한다. 인간은 자신의 우위에 도전하거나 세상을 의심하도록 하는 것에 예민하게 반응한다. 기술 발전이 예상치 못한 결과를 초래했던 과거의 선례는 이런 경향을 더욱 증폭시킨다. 산업 혁명과 전기, 인터넷의 발명이 그랬다.

미래는 어떻게 인공지능에 대한 두려움과
디스토피아적 상상에서 벗어날 수 있을까?

두려움을 넘어서려면 AI 능력의 한계, 윤리적 의미에 대한
포괄적 교육과 열린 대화에 참여해야 한다. 기술자와
윤리학자, 예술가, 일반 대중이 협업할 수 있는 문화를
조성함으로써 AI에 대한 이해를 높인다면 추측이 아닌,
현실에 근거한 논의를 끌어낼 수 있다. 처음부터 윤리적 고려
사항과 인간의 가치를 AI 개발 과정에 통합하면서 사람들의
이상과 열망에 부합하는 방식으로 기술을 진화시킬 수도
있겠다. 궁극적으로 두려움을 극복하기 위해서는 AI가 인간을
대체하거나 약화할 것이 아니라는 점을 인식해야 한다. AI가
인간의 잠재력을 강화하고 사회적 복지를 증진할 것이라는 데
초점을 맞추고, 책임감 있는 미래를 구상하는 것이 중요하다.

아직 존재하지 않는 미래의 모습을 상상하는 건 쉽지
않은 일이다. 미래에 대한 상상력을 키우고 싶은
독자에게 팁을 준다면?

먼저 변화의 유동성을 수용해야 한다. 미래는 멀리 있는

고정된 지점이 아니다. 현재의 행동과 결정, 혁신의 실타래가 엮여 끊임없이 진화하는, 일종의 태피스트리에 가깝다. AI의 진화도 그랬지 않았나. 과학과 기술, 철학, 예술 등 다양한 학문을 폭넓게 접하는 것이 중요하다. 그래야만 미래의 풍경을 상상할 수 있는 나만의 고유한 렌즈를 갖게 된다. 현재의 흐름을 파악하는 예민한 감수성도 필요할 것이다. 패턴을 식별하고, 트렌드를 추정하고, 그것이 가져올 급진적 변화를 대담하게 상상해 보자.

마치며

영화의 역사를 다룬 아주 유명한 어떤 책에 에어컨이
언급된다. 에어컨의 발명이 없었다면, 어둡고 좁은 극장
안에서 영화를 관람하는 비즈니스가 설립할 수 없었을
것이라는 설명이다. 후텁지근한 여름, 에어컨 없는 극장
안에 빼곡히 들어찬 수백 명의 사람들? 상상조차 하고 싶지
않은 광경이다. 영화의 역사에서 에어컨은 그만큼 중요한
존재다. 사람의 삶을 바꾸고 새로운 문화의 형태를 허락했다.
그러니까, 인류는 온도와 습도를 마음대로 조절할 수 있는
존재가 되었다. 그런데, 그게 정말 축복일까? 〈에어컨의 덫〉은
기계 문명의 축복을 강하게 의심한다. 5년 전에는 그저 있을
법한 의심이었다. 이번 여름에는 그렇지 않다.